Basiswissen Sozialwirtschaft und Sozialmanagement

Reihe herausgegeben von
Klaus Grunwald, Duale Hochschule BW Stuttgart, Stuttgart, Baden-Württemberg, Deutschland
Ludger Kolhoff, Fakultät Soziale Arbeit, Ostfalia Hochschule, Wolfenbüttel, Niedersachsen, Deutschland

Die Lehrbuchreihe „Basiswissen Sozialwirtschaft und Sozialmanagement" vermittelt zentrale Inhalte zum Themenfeld Sozialwirtschaft und Sozialmanagement in verständlicher, didaktisch sorgfältig aufbereiteter und kompakter Form. In sich abgeschlossene, thematisch fokussierte Lehrbücher stellen die verschiedenen Themen theoretisch fundiert und kritisch reflektiert dar. Vermittelt werden sowohl Grundlagen aus relevanten wissenschaftlichen (Teil-)Disziplinen als auch methodische Zugänge zu Herausforderungen der Sozialwirtschaft im Allgemeinen und sozialwirtschaftlicher Unternehmen im Besonderen. Die Bände richten sich an Studierende und Fachkräfte der Sozialen Arbeit, der Sozialwirtschaft und des Sozialmanagements. Sie sollen nicht nur in der Lehre (insbesondere der Vor- und Nachbereitung von Seminarveranstaltungen), sondern auch in der individuellen bzw. selbstständigen Beschäftigung mit relevanten sozialwirtschaftlichen Fragestellungen eine gute Unterstützung im Lernprozess von Studierenden sowie in der Weiterbildung von Fach- und Führungskräften bieten.

Beiratsmitglieder

Holger Backhaus-Maul
Philosophische Fakultät III, Universität Halle-Wittenberg, Halle (Saale), Sachsen-Anhalt, Deutschland

Marlies Fröse
Evangelische Hochschule Dresden, Dresden, Sachsen, Deutschland

Waltraud Grillitsch
Fachhochschule Kärnten, Feldkirchen, Österreich

Andreas Laib
Fachbereich Soziale Arbeit, Fachhochschule St. Gallen, St. Gallen, Schweiz

Andreas Langer
Department Soziale Arbeit, HAW Hamburg, Hamburg, Deutschland

Wolf-Rainer Wendt
Stuttgart, Baden-Württemberg, Deutschland

Peter Zängl
Hochschule für Soziale Arbeit, Fachhochschule Nordwestschweiz, Olten, Schweiz

Weitere Bände in der Reihe http://www.springer.com/series/15473

Ludger Kolhoff

Existenzgründung in der Sozialwirtschaft

Eine Einführung

3., überarbeitete und aktualisierte Auflage

Ludger Kolhoff
Ostfalia - Hochschule für angewandte
Wissenschaften, Hochschule
Braunschweig/Wolfenbüttel
Wolfenbüttel, Deutschland

ISSN 2569-6009   ISSN 2569-6017 (electronic)
Basiswissen Sozialwirtschaft und Sozialmanagement
ISBN 978-3-658-23280-1   ISBN 978-3-658-23281-8 (eBook)
https://doi.org/10.1007/978-3-658-23281-8

Die Deutsche Nationalbibliothek verzeichnet diese Publikation in der Deutschen Nationalbibliografie; detaillierte bibliografische Daten sind im Internet über http://dnb.d-nb.de abrufbar.

Springer VS
Die 1. Auflage ist 2002 im ZIEL Verlag mit dem Titel „Existenzgründung im sozialen Sektor" erschienen. Die 2. vollständig überarbeitete Auflage ist 2015 im ZIEL Verlag mit dem Titel „Existenzgründung in der Sozialwirtschaft" erschienen.
© Springer Fachmedien Wiesbaden GmbH, ein Teil von Springer Nature 2002, 2015, 2020
Das Werk einschließlich aller seiner Teile ist urheberrechtlich geschützt. Jede Verwertung, die nicht ausdrücklich vom Urheberrechtsgesetz zugelassen ist, bedarf der vorherigen Zustimmung des Verlags. Das gilt insbesondere für Vervielfältigungen, Bearbeitungen, Übersetzungen, Mikroverfilmungen und die Einspeicherung und Verarbeitung in elektronischen Systemen.
Die Wiedergabe von allgemein beschreibenden Bezeichnungen, Marken, Unternehmensnamen etc. in diesem Werk bedeutet nicht, dass diese frei durch jedermann benutzt werden dürfen. Die Berechtigung zur Benutzung unterliegt, auch ohne gesonderten Hinweis hierzu, den Regeln des Markenrechts. Die Rechte des jeweiligen Zeicheninhabers sind zu beachten.
Der Verlag, die Autoren und die Herausgeber gehen davon aus, dass die Angaben und Informationen in diesem Werk zum Zeitpunkt der Veröffentlichung vollständig und korrekt sind. Weder der Verlag, noch die Autoren oder die Herausgeber übernehmen, ausdrücklich oder implizit, Gewähr für den Inhalt des Werkes, etwaige Fehler oder Äußerungen. Der Verlag bleibt im Hinblick auf geografische Zuordnungen und Gebietsbezeichnungen in veröffentlichten Karten und Institutionsadressen neutral.

Springer VS ist ein Imprint der eingetragenen Gesellschaft Springer Fachmedien Wiesbaden GmbH und ist ein Teil von Springer Nature.
Die Anschrift der Gesellschaft ist: Abraham-Lincoln-Str. 46, 65189 Wiesbaden, Germany

Inhaltsverzeichnis

1	**Einleitung**	1
	Literatur	5
2	**Grundzüge und Rahmenbedingungen für Unternehmen mit sozialer Zielsetzung**	7
	2.1 Prinzipen der sozialen Sicherung in der Bundesrepublik Deutschland	8
	2.2 Spitzenverbände der freien Wohlfahrtspflege werden bevorzugt gefördert	10
	2.3 Störung der kollusiven Strukturen der Sozialwirtschaft	13
	Literatur	16
3	**Felder der Existenz- und Unternehmensgründung**	17
	3.1 Felder der Existenz- und Unternehmensgründung im Zuge des Outsourcings öffentlicher Aufgaben	18
	3.1.1 Bereiche des Outsourcings	18
	3.1.2 Formen des Outsourcings	19
	3.2 Felder der Existenz- und Unternehmensgründung in der Sozialwirtschaft	21
	3.2.1 Vom Recht zum Markt	22
	3.2.2 Von der Sachleistung zur Geldleistung	23
	3.2.3 Geschäftsideen reichlich vorhanden	24
	3.2.4 Gewinnorientierte Tätigkeiten	24
	3.2.5 Was sind freie Berufe?	28
	3.2.6 Scheinselbstständigkeit	31
	3.2.7 Was spricht für eine freiberufliche Tätigkeit?	32
	3.3 Resümee	37
	Literatur	37

4	**Selbstständigkeit step by step**	39
4.1	Erster Schritt: Klärung der persönlichen Voraussetzungen	40
4.2	Zweiter Schritt: die Konzeption	41
4.3	Dritter Schritt: die Finanzierung	41
4.4	Vierter Schritt: das Unternehmen	42
	Literatur	44
5	**Persönliche Anforderungen**	45
5.1	Persönliche Merkmale („Tu nur, was du kannst")	46
5.2	Leistungswille/Lernbereitschaft („Lieber gesund schuften, als krank arbeiten")	46
5.3	Risikobereitschaft und optimistischer Realismus („Mut ist Mangel an Fantasie")	47
5.4	Kommunikationsfähigkeit/Entscheidungsfreude („Glühen in den Augen")	48
5.5	Organisationstalent/Durchsetzungsvermögen („Mit dem Kopf durch die Wand")	48
5.6	Fachkenntnisse/Managementkenntnisse („Dem Tüchtigen gehört die Welt")	48
5.7	Persönliches Umfeld („Die Familie im Nacken oder den Partner im Rücken?")	49
5.8	Stärken-Schwächen-Profil („Wer bin ich?")	54
	Literatur	57
6	**Konzeptionelle Anforderungen**	59
6.1	Prüfkriterien für Geschäftsideen im sozialen Bereich	60
	6.1.1 Marktfähigkeit	60
	6.1.2 Finanzierbarkeit	67
	6.1.3 Wirtschaftlichkeit und „Hilfe für Menschen in Not"	68
	6.1.4 Struktur-, Prozess- und Ergebnisqualität	69
6.2	Inanspruchnahme von Beratung	70
6.3	Kollektive Gründung (Franchising und Beteiligung)	72
6.4	Individuelle Neugründung	79
6.5	Ideenfindungstechniken	82
	6.5.1 Brainstorming	83
	6.5.2 Brainwriting	84
	6.5.3 Bewertung der Geschäftsidee	85
	6.5.4 „Der heiße Stuhl"	86
6.6	Marketing	89
	6.6.1 Umfeld- und Marktanalyse	89

		6.6.2	Marketingmix	95
	Literatur.			99
7	**Ökonomische Rahmenbedingungen**			101
	7.1	Kostenplanung		102
		7.1.1	Kalkulation einer Leistungsstunde	105
		7.1.2	Jahresgehaltskosten für einen angestellten Sozialpädagogen	105
		7.1.3	Berechnung der Basisleistungsstundenvergütung eines Angestellten.	105
		7.1.4	Berechnung der Leistungsstunden eines Selbstständigen.	106
	7.2	Umsatz- und Rentabilitätsplanung		108
	7.3	Liquiditätsplanung		109
	7.4	Kapitalbedarfsplanung		112
	7.5	Finanzierung		115
		7.5.1	Eigenkapital	116
		7.5.2	Fremdkapital	118
	7.6	Finanzierungsplan		126
	Literatur.			129
8	**Rechtsformen.**			131
	8.1	Rechtsformen für freiberufliche Tätigkeiten		133
		8.1.1	Personengesellschaften	133
		8.1.2	Kapitalgesellschaften	134
	8.2	Rechtsformen für gewerbliche Tätigkeiten		135
	8.3	Einzelunternehmen		137
9	**Businessplan**			139
	Literatur.			144
10	**Schlussbemerkung**			145
	10.1	Allgemeine gesellschaftliche Entwicklungstendenzen		146
	10.2	Mögliche Unternehmensstrategien von Existenz- und Unternehmensgründern		146
	10.3	Neue Arbeitsfelder für Existenz- und Unternehmensgründungen		147
	10.4	Double-bind-Situation von Existenz- und Unternehmensgründern im Quasimarkt.		148

Über den Autor

Prof. Dr. phil. Ludger Kolhoff, Jahrgang 1957, studierte Pädagogik, Elektrotechnik und Politikwissenschaft in Berlin (Erstes Technisch-Wissenschaftliches Staatsexamen, Magisterexamen, Promotion zum Dr. phil.). Von 1979 bis 1984 war er Geschäftsführer und Sonderbeauftragter für Selbsthilfeprojekte des Martinswerk e. V. (Mitglied des Diakonischen Werkes) in Berlin. Nach dem Studienreferendariat (Zweites Technisch-Wissenschaftliches Staatsexamen) arbeitete er in Berlin von 1986 bis 1993 als Studienrat an einer Berufsschule mit sonderpädagogischen Aufgaben und war parallel von 1983 bis 1993 Aufsichtsrats- und Fachbeiratsvorsitzender des Sanierungstreuhand- und Beschäftigungsträgers „Stattbau Stadtentwicklungs-GmbH" und von 1991 bis 1993 Gründungsgeschäftsführer der „Perspektive, Gesellschaft für Bauberatung und Betreuung mbH", einer Tochtergesellschaft des Paritätischen Wohlfahrtsverbandes (Landesverband Berlin) und der Stattbau GmbH. Seit 1993 ist er Professor an der Fakultät Soziale Arbeit der Hochschule Braunschweig-Wolfenbüttel (Ostfalia) und vertritt das Lehrgebiet Soziales Management mit den Aufgabenschwerpunkten Organisation/Organisationsentwicklung/Projektmanagement, Finanzierung, Personalmanagement sowie Existenz- und Unternehmensgründung. Seit 2001 leitet er den Masterstudiengang Sozialmanagement. Er ist Vorsitzender der Bundesarbeitsgemeinschaft Sozialmanagement/Sozialwirtschaft an Hochschulen (BAG SMW) e. V.

Abkürzungsverzeichnis

Abb.	Abbildung
Abs.	Absatz
AG	Aktiengesellschaft
AGB	Allgemeine Geschäftsbedingungen
ALG	Gesetz über die Alterssicherung der Landwirte
BAföG	Bundesausbildungsförderungsgesetz
BErzGG	Gesetz zum Erziehungsgeld und zur Elternzeit
BGB	Bürgerliches Gesetzbuch
BMWi	Bundesministerium für Wirtschaft
BVG	Gesetz über die Versorgung der Opfer des Krieges
bzw.	beziehungsweise
DBSH	Deutscher Berufsverband für Sozialarbeit
d. h.	das heißt
EDV	Elektronische Datenverarbeitung
eG	eingetragene Genossenschaft
ERP	European Recovery Program (Marshallplan)
EStG	Einkommensteuergesetz
etc.	et cetera
EU	Europäische Union
evtl.	eventuell
ff.	fortfolgende
FGG	Gesetz über die Angelegenheiten der freiwilligen Gerichtsbarkeit
GbR	Gesellschaft bürgerlichen Rechts
ggf.	gegebenenfalls
gGmbH	gemeinnützige Gesellschaft mit beschränkter Haftung
GmbH	Gesellschaft mit beschränkter Haftung

GLS	Gemeinschaftsbank für Leihen und Schenken
i. d. R.	in der Regel
IAB	Institut für Arbeitsmarkt- und Berufsforschung der Bundesanstalt für Arbeit
IfM	Institut für Mittelstandsforschung
IT	Informationstechnik
KfW	Kreditanstalt für Wiederaufbau
KG	Kommanditgesellschaft
KGst	Kommunale Gemeinschaftsstelle für Verwaltungsvereinfachung
KMU	Kleine und mittlere Unternehmen
KVLG	Gesetz über die Krankenversicherung der Landwirte
Nr.	Nummer
OEG	Gesetz über die Entschädigung für Opfer von Gewalttaten
OHG	offene Handelsgesellschaft
PartnG	Partnerschaftsgesellschaft
Prof.	Professor
RVO	Reichsversicherungsordnung
S.	Seite
s. a.	siehe auch
SGB II	Sozialgesetzbuch, Zweites Buch – Grundsicherung für Arbeitsuchende
SGB III	Sozialgesetzbuch, Drittes Buch – Arbeitsförderung
SGB V	Sozialgesetzbuch, Fünftes Buch – Gesetzliche Krankenversicherung
SGB VI	Sozialgesetzbuch, Sechstes Buch – Gesetzliche Rentenversicherung
SGB VIII	Sozialgesetzbuch, Achtes Buch – Kinder- und Jugendhilfe
SGB XI	Sozialgesetzbuch, Elftes Buch – Soziale Pflegeversicherung
SGB XII	Sozialgesetzbuch, Zwölftes Buch – Sozialhilfe
SGB	Sozialgesetzbuch
StrRehaG	Gesetz über die Rehabilitierung und Entschädigung von Opfern rechtsstaatswidriger Strafverfolgungsmaßnahmen im Beitrittsgebiet
SVG	Soldatenversorgungsgesetz
TVöD	Tarifvertrag für den öffentlichen Dienst
TVöD Sue	TVöD-, Sozial- und Erziehungsdienst
u. a.	und andere
UG	Unternehmergesellschaft (haftungsbeschränkt)

UhVorschG	Gesetz zur Sicherung des Unterhalts von Kindern alleinstehender Mütter und Väter durch Unterhaltsvorschüsse oder -ausfallleistungen
UstG	Umsatzsteuergesetz
vgl.	vergleiche
VKA	Vereinigung der kommunalen Arbeitgeberverbände

Abbildungsverzeichnis

Abb. 1.1	Existenz- und Unternehmensgründungen 2013 bis 2017 (IfM 2018)	1
Abb. 1.2	Zahl der Selbstständigen 2005 bis 2015 in Deutschland nach Geschlecht (IfM 2016)	2
Abb. 1.3	Frauen gründen insbesondere im Nebenerwerb (KfW Gründungsmonitor 2017)	3
Abb. 1.4	Selbstständigenquote im internationalen Vergleich (Nier 2016)	3
Abb. 2.1	Prinzipien der sozialen Sicherung in der Bundesrepublik Deutschland	11
Abb. 2.2	Störpotenziale im kollusiven System von Staat, Wirtschaft und Sozialer Arbeit	15
Abb. 3.1	Formen des Outsourcings	19
Abb. 3.2	Struktur der Selbstständigen in Freien Berufen in Deutschland am 01.01.2018 (IFB 2018)	30
Abb. 4.1	Aufbauplan einer Existenz- und Unternehmensgründung	43
Abb. 5.1	Selbstständige im Haupt- und Zuerwerb in Deutschland nach Geschlecht (IfM 2014)	49
Abb. 5.2	Gründerinnen und Branchen 2016 (BMWi 2017, S. 2)	50
Abb. 5.3	Zeitaufwand von Existenz- und Unternehmensgründerinnen (BMWi 2017, S. 8)	52
Abb. 5.4	Checkliste Persönlichkeitsprofil: Ihre Stärken und Schwächen (Herz 1997, S. 10 ff.)	55
Abb. 6.1	Zunahme der Pflegebedürftigen (Demografie Portal des Bundes und der Länder 2017)	61
Abb. 6.2	Pflegebedarf (iwd 2015)	62

Abb. 6.3	Einkommen nach Haushaltstyp (Plickert 2008)	69
Abb. 6.4	Erfolg von Franchisegründungen (BMWi 2012, S. 6)	73
Abb. 6.5	Die Top-10-Franchise-Systeme 2013 (impulse 2013)	74
Abb. 6.6	Fragebogen Franchisekonzept (BMWi 2012, S. 4–5)	76
Abb. 6.7	Phasen der Ideenentwicklung	83
Abb. 6.8	Arbeitsblatt für die Brainwriting-Methode	85
Abb. 6.9	Vorschlag für ein Arbeitsblatt zur Bewertung der Geschäftsidee	86
Abb. 6.10	Vorschläge für Fragen für „Der heiße Stuhl"	87
Abb. 6.11	Fragen zur Geschäftsidee	88
Abb. 6.12	Checkliste für das Gründungsprojekt Kindertagesstätte	90
Abb. 6.13	Bewertungskriterien für eine Stärken-Schwächen- und Konkurrenzanalyse	93
Abb. 6.14	Beispiel geplante Kindertagesstätte im Vergleich zur Kita XY	94
Abb. 6.15	Standort A im Vergleich zum Standort B	95
Abb. 6.16	Unique-Selling-Point (B2B Manager 2018)	97
Abb. 7.1	Muster einer Kostenplanung	103
Abb. 7.2	Berechnung der Leistungsstunden (DBSH 2009)	106
Abb. 7.3	Jahresgehaltskosten für einen angestellten Sozialpädagogen (Tarif ab 01.04.2019)	107
Abb. 7.4	Umsatzplan und Rentabilitätsplan am Beispiel einer Pflegeeinrichtung	110
Abb. 7.5	Liquiditätsplanung	111
Abb. 7.6	Kapitalbedarfsplan	114
Abb. 7.7	Finanzierungsquellen für die Gründungsphase	116
Abb. 7.8	Checkliste Eigenkapital	117
Abb. 7.9	Fremdkapitalquellen	118
Abb. 7.10	Kapitalbedarf und Finanzierung (für-gründer.de 2018)	127
Abb. 7.11	Kapitalbedarf und Finanzierung. (für-gründer.de 2018)	127
Abb. 7.12	Finanzierungsbeispiel	128
Abb. 8.1	Rechtsformen für Gesellschaften	132
Abb. 8.2	Formular Gewerbeanmeldung. (https://www.gewerbeanmeldung.de/gewerbe-anmelden-formular)	136
Abb. 9.1	Checkliste zum Businessplan	140
Abb. 10.1	Existenz- und Unternehmensgründung im Quasimarkt	149

Einleitung

Unternehmen entstehen und vergehen. Zwar sind die „goldenen" Gründer- und Wirtschaftswunderzeiten lange vorbei, doch weist Deutschland wieder einen leichten Unternehmenszuwachs auf, denn im Jahr 2017 stieg die Gesamtzahl der Existenzgründungen um 0,8 % auf rund 381.000, wie Abb. 1.1 zeigt.

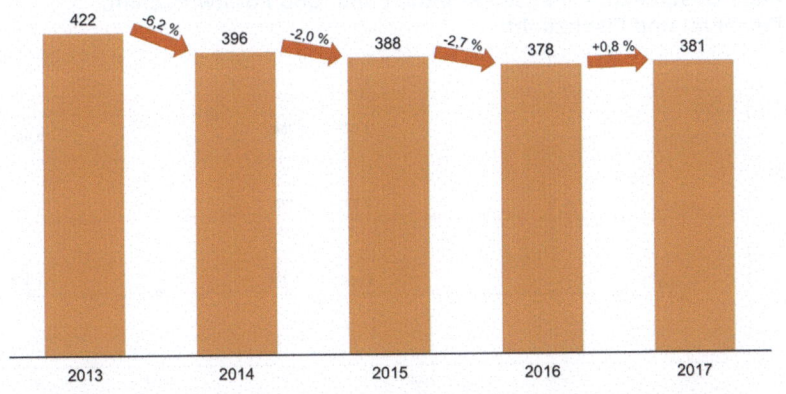

Abb. 1.1 Existenz- und Unternehmensgründungen 2013 bis 2017 (IfM 2018)

© Springer Fachmedien Wiesbaden GmbH, ein Teil von Springer Nature 2020
L. Kolhoff, *Existenzgründung in der Sozialwirtschaft*,
Basiswissen Sozialwirtschaft und Sozialmanagement,
https://doi.org/10.1007/978-3-658-23281-8_1

Im Jahr 2015 gab es in Deutschland branchenübergreifend – ohne Land- und Forstwirtschaft bzw. Fischerei und Fischzucht – knapp 4 Mio. Personen, die in ihrer (Haupt-)Erwerbstätigkeit einer selbstständigen Tätigkeit nachgingen. Gestiegen ist die Zahl der selbstständigen Frauen. Sie erhöhte sich von 2005 bis 2015 um 10,9 % von knapp 1,2 Mio. auf rund 1,3 Mio.. Die Zahl der selbstständigen Männer nahm im gleichen Zeitraum um 1,3 % von 1,9 Mio. auf rund 2,6 Mio. zu (Abb. 1.2).

Noch höher ist der Anteil der Frauen bei Nebenerwerbsgründungen. Der liegt hier im Jahr 2015 bei 45 % (Abb. 1.3).

Die KfW führt den geringen Anteil bei Vollerwerbsgründungen auf den besonders für Frauen erfreulichen Arbeitsmarkt zurück (KfW 2017, S. 3).

Auch wenn die Anzahl der Selbstständigen insgesamt leicht gestiegen ist, liegt Deutschland im europäischen Vergleich im unteren Mittelfeld. Der Spitzenreiter ist Griechenland mit 35,4 % im Jahr 2014 (Abb. 1.4).

An dieser Verteilung hat sich seit Jahren nichts geändert. Der ehemalige Sprecher des Vorstands der Kreditanstalt für Wiederaufbau (KfW), Hans Reich, wagte

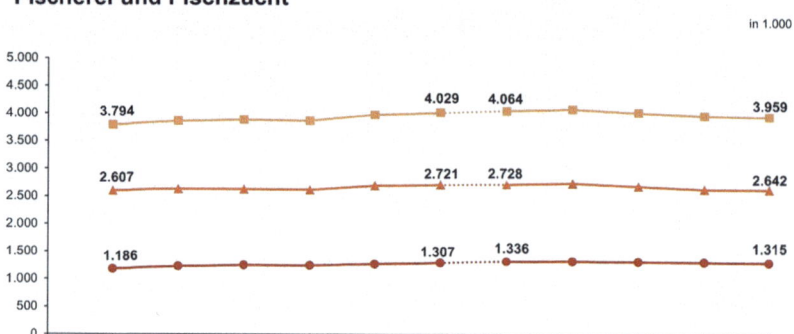

Abb. 1.2 Zahl der Selbstständigen 2005 bis 2015 in Deutschland nach Geschlecht (IfM 2016)

1 Einleitung

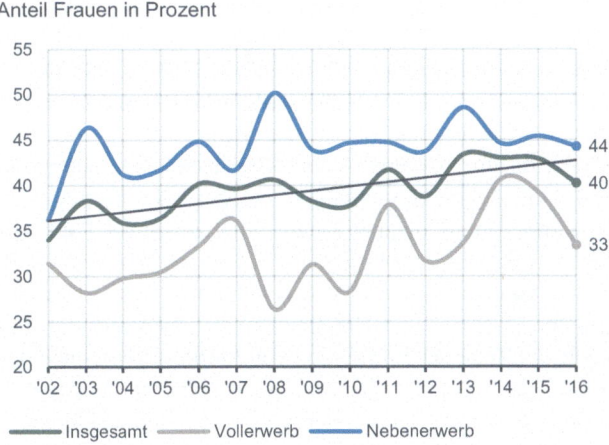

Abb. 1.3 Frauen gründen insbesondere im Nebenerwerb (KfW Gründungsmonitor 2017)

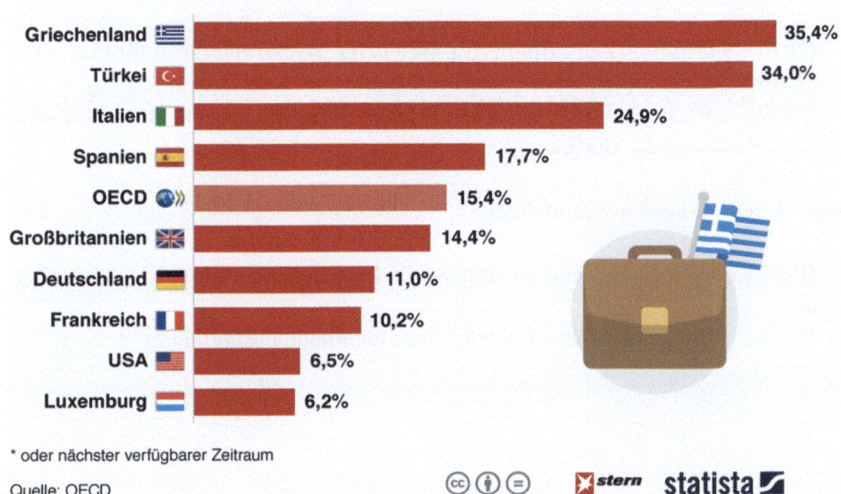

Abb. 1.4 Selbstständigenquote im internationalen Vergleich (Nier 2016)

deshalb die These, dass die Selbstständigenquote eines Landes negativ mit dem Wohlstandsniveau zusammenhänge: „Je geringer die Selbstständigenquote, desto höher das Bruttoinlandsprodukt pro Kopf" (Reich 2000, S. 28). Dennoch werden Existenz- und Unternehmensgründungen stark diskutiert und öffentlich gefördert, denn sie gelten als wichtiges Innovationsinstrument.

Dies gilt auch für die Sozialwirtschaft. Hier haben sich neue Spielräume für Existenz- und Unternehmensgründungen ergeben. So konzentrierte sich der öffentliche Sektor aufgrund knapper Finanzmittel zunehmend auf seine Kernaufgaben und lagerte Leistungen insbesondere in Servicebereichen wie Reinigungs-, Reparatur- und Wartungsdiensten aus, was zur Folge hatte, dass hier ein neues Handlungsfeld für Existenz- und Unternehmensgründer entstand. In der Sozialwirtschaft wuchs im Zuge der Einführung von Marktmechanismen der Spielraum für Existenz- und Unternehmensgründer. Nach dem Motto „Mach ein soziales Problem zur Idee für eine Unternehmensgründung" werden Fragen der Unternehmensgründung und des Social Entrepreneurship diskutiert.

Literaturempfehlungen

Zum Thema Existenz- und Unternehmensgründung gibt es eine Fülle an Literatur.[1] Für einen ersten Einstieg sind die kostenlosen Broschüren des Bundesministeriums für Wirtschaft und Technologie zu empfehlen, die einen guten Überblick über wesentliche Fragen der Existenz- und Unternehmensgründung geben, z. B. vom Bundesministerium für Wirtschaft und Energie:

- (2017). *Starthilfe – Der erfolgreiche Weg in die Selbstständigkeit*. Berlin.
- (2018). „Businessplan". *GründerZeiten 7*. Berlin.
- (2017). „Existenz- und Unternehmensgründungen im sozialen Bereich". *GründerZeiten 22*. Berlin.

Weiterhin die Angebote im Internet:

- BMWi-Existenz- und Unternehmensgründungsportal (www.existenzgruender.de)
- BMWi-Unternehmensportal (www.bmwi-unternehmensportal.de)

---

[1] Wenn man z. B. bei Amazon.de das Stichwort „Existenzgründung" eingibt, erscheinen rund 4000 Publikationen (Zugriff: 10. Mai 2018).

Welche, die das Arbeitsfeld Existenz- und Unternehmensgründung in der Sozialarbeit/Sozialpädagogik behandeln:

- Brehm-Pflüger, C., & Riedle, H. (2013). *Erfolgreiche Existenzgründung in der ambulanten Pflege*. Würzburg: TiVan.
- Klüser, A., & Maier, H. (2009). *Selbstständige in der Sozialen Arbeit*. Baden-Baden: Nomos.
- Köppel, M. (2008). *Existenz- und Unternehmensgründung in der Sozialen Arbeit*. Lage: Jacobs.
- Rothfischer, D., & Oberländer, W. et al. (2004). *Ich mache mich selbstständig im sozialen Bereich*. Weinheim: Beltz.

Welche, die die Zielgruppe Frauen ansprechen:

- Becker, S. (2010). *Die unternehmen was! – Von der Gründung zum Erfolg. Unternehmerinnen berichten, wie sie es geschafft haben*. Offenbach: Gabal.
- Eder, B. (2012). *Existenzgründung für Frauen: Die Entscheidungshilfe für einen erfolgreichen Start*. 4., akt. Aufl. Hannover: humboldt.
- Hipp-Wallrabe, S. (2009). *Existenzgründung für Frauen*. München: Redline.
- Sichtermann, B., Sichtermann, M., & Siegel, B. (2005). *Den Laden schmeißen: Ein Handbuch für Frauen, die sich selbstständig machen wollen*. Vollst. überarb. Neuaufl. München: Frauenoffensive.

Welche, die das Thema Social Entrepreneurship behandeln:

- Faltin, G. (2017). *Kopf schlägt Kapital: Die ganz andere Art, ein Unternehmen zu gründen. Von der Lust, ein Entrepreneur zu sein*. München: dtv.
- Hackenberg, H. (2011). *Social Entrepreneurship – Social Business: Für die Gesellschaft unternehmen*. Wiesbaden: Springer VS.
- Schwarz., S. (2014). *Social Entrepreneurship Projekte: Unternehmerische Konzepte als innovativer Beitrag zur Gestaltung einer sozialen Gesellschaft*. Wiesbaden: Springer VS.

Literatur

Institut für Mittelstandsforschung Bonn [IfM] (Hrsg.) (2016). *Anzahl der Selbstständigen 2005 bis 2015 in Deutschland nach Geschlecht – insgesamt ohne Land- und Forstwirtschaft, Fischerei und Fischzucht*. https://www.ifm-bonn.org/fileadmin/_processed_/5/a/csm_St03-02b15_9c8c106e4d.jpg. Zugegriffen: 30. Mai 2018

Institut für Mittelstandsforschung Bonn [IfM] (Hrsg.) (2018). *Existenz- und Unternehmensgründungen insgesamt, 2013 bis 2017 in Deutschland.* https://www.ifm-bonn.org/fileadmin/_processed_/1/1/csm_St01-173a17_66ba13b451.jpg. Zugegriffen: 30. Mai 2018.

Kreditanstalt für Wiederaufbau [KfW] Gründungsmonitor (Hrsg.) (2017). *Frauen gründen insbesondere im Nebenerwerb.* https://www.kfw.de/PDF/Download-Center/Konzernthemen/Research/PDF-Dokumente-Gr%C3%BCndungsmonitor/KfW-Gr%C3%BCndungsmonitor-2017.pdf. Zugegriffen: 30 Mai 2018.

Nier, H. (2016). *Griechenland mit den meisten Selbstständigen.* https://de.statista.com/infografik/5431/anteil-selbststaendige-laendervergleich/. Zugegriffen: 19. Juli 2018.

Reich, H. W. (2000). Nicht alles Neue ist gut. *Die Zeit,* 6. Juli 2000, S. 28.

Grundzüge und Rahmenbedingungen für Unternehmen mit sozialer Zielsetzung

2

Zusammenfassung

Das bundesrepublikanische System der sozialen Sicherung geht auf die Bismarckschen Sozialgesetze zurück und betont seitdem den Versorgungsaspekt. Das System ist von drei Prinzipien geprägt: 1) dem Äquivalenzprinzip (z. B. Rentenversicherung: die Leistung der Versicherung entspricht den Einzahlungen des Versicherten), 2) dem Solidarprinzip (z. B. Krankenversicherung: gleiche Leistung für alle Versicherten, unabhängig von ihrer Beitragshöhe) und 3) dem Prinzip der unmittelbaren Verwendung der Mittel. Dieses System setzt ein stabiles Verhältnis von Ein- und Auszahlungen voraus, was jedoch durch die aktuelle demografische Entwicklung infrage gestellt wird. Infolgedessen veränderte sich das alte, allein am Bedarf bzw. an der Anspruchsberechtigung orientierte System in Richtung eines neuen Systems, das stärker kostenorientiert ist und den Wettbewerb der Anbieter fördert. Dadurch haben sich die Ausgangsbedingungen für Gründungen gewerblicher Unternehmen in der Sozialwirtschaft verbessert.

Lernziele

Das System sozialer Sicherung in Deutschland ist aus seiner Geschichte heraus zu verstehen. Sie erhalten einen Überblick über die Entwicklung des Sozialsystems und können die kollusiven Strukturen der Sozialwirtschaft (gegenseitige Abhängigkeit von öffentlichen und freien Trägern) sowie aktuelle Veränderungen vor diesem Hintergrund besser einordnen.

© Springer Fachmedien Wiesbaden GmbH, ein Teil von Springer Nature 2020
L. Kolhoff, *Existenzgründung in der Sozialwirtschaft*,
Basiswissen Sozialwirtschaft und Sozialmanagement,
https://doi.org/10.1007/978-3-658-23281-8_2

Anders als in anderen europäischen Ländern betont das deutsche Sozialstaatsmodell mit seinen historischen Wurzeln und rechtlichen Bestimmungen stark den Versorgungsaspekt, fördert Alimentierung und Passivierung der Menschen und hindert unternehmerisches Denken und Handeln. Unternehmerisches Handeln im sozialen Bereich wird nicht nur wenig unterstützt, sondern muss sich oftmals gegen die Interessen des herrschenden Wohlfahrtskartells durchsetzen.

Im folgenden Kapitel werden einleitend die historischen, politischen, rechtlichen und ökonomischen Zusammenhänge reflektiert, die das gesellschaftliche Klima für Existenz- und Unternehmensgründungen in der Sozialwirtschaft maßgeblich bei uns bestimmen. Hierzu werden die Prinzipien der sozialen Sicherung im Überblick erläutert und aktuelle Veränderungen skizziert, die zu einer Zunahme des Handlungsspielraums für gemeinnützige Entrepreneure und gewerbliche Existenz- und Unternehmensgründer führen.

2.1 Prinzipen der sozialen Sicherung in der Bundesrepublik Deutschland

Das System der sozialen Sicherung in der Bundesrepublik Deutschland ist, anders als z. B. in den USA, nicht an der privaten Initiative des Einzelnen orientiert, sondern wird in weiten Bereichen öffentlich-rechtlich geregelt. Die Sozialversicherungen haben ihre Wurzeln in den Bismarckschen Sozialgesetzen. Umverteilung und Armut sind die Themen der 1880er Jahre gewesen. Die damals (1880–1889/1991) eingeführten Sozialversicherungen stabilisierten das bürgerliche System und werden bis in die Gegenwart fortgeschrieben. Sie verpflichten den einzelnen Erwerbstätigen zur gesetzlich geregelten Eigenvorsorge und werden mit staatlich finanzierten Entschädigungs-, Förderungs- und Hilfesystemen kombiniert. Das Sozialversicherungssystem überlebte das Kaiserreich, die Weimarer Republik, den Faschismus, die große Inflation und Depression, zwei verlorene Weltkriege und wurde in der Bundesrepublik Deutschland in den 1950er Jahren nachhaltig renoviert.[1] Es umfasst heute die gesetzliche Unfall-, Renten-, Kranken-, Arbeitslosen- und Pflegeversicherung. Ergänzend wird die private Vorsorge propagiert.

---

[1] Konrad Adenauers Rentenreform beteiligte die ältere Bevölkerung am allgemeinen Wohlstand, da die Altersrenten an den Einkommensfortschritt laufend anpasst wurden.

Das Grundprinzip der gesetzlichen Sozialversicherungen blieb also seit dem Kaiserreich gleich. Orientiert an der Lohnarbeit, werden von den Arbeitnehmern und Arbeitgebern die finanziellen Ressourcen für die Sozialwirtschaft zur Verfügung gestellt.

Durch das gesetzliche Sozialversicherungssystem entsteht eine Angst- und Astgemeinschaft. Das vom Weltmarkt und seinen Verwerfungen abhängige Gesellschaftssystem (Angstgemeinschaft) wird durch den Ast der Sozialversicherung stabilisiert, indem es dem Einzelnen Sicherheit bietet und z. B. diejenigen auffängt, die vom erwerbswirtschaftlichen Sektor freigesetzt werden.

Maßgeblich für die Akzeptanz der gesetzlichen Sozialversicherungen ist das diesen in Teilen zugrunde liegende Äquivalenzprinzip. Es besagt, dass nur diejenigen Leistungen erhalten, die auch in die Versicherung eingezahlt haben; in der Folge sind z. B. bei der Rente die Bezüge äquivalent zu den geleisteten Beiträgen. Da ein Missbrauch wie bei steuerfinanzierten Systemen kaum möglich ist, zahlt man „gerne" für diejenigen, die in der Vergangenheit ihren Teil beigetragen und somit Ansprüche erworben haben.

Doch das Äquivalenzprinzip gilt nur für einen Teil der gesetzlichen Sozialversicherungen; ein anderer Teil sind keine Versicherungen im reinen Sinne[2], sondern Mischformen. Sie verbinden das Äquivalenzprinzip der Versicherung mit dem Solidarprinzip der steuerfinanzierten Entschädigungs-, Förderungs- und Hilfesysteme. So orientieren sich z. B. die Beiträge der gesetzlichen Krankenversicherung am Einkommen und nicht an der späteren Versicherungsleistung.

Ein zweites für die deutschen Sozialversicherungen kennzeichnendes Prinzip ist das der unmittelbaren Verwendung der Mittel. Dieses Prinzip besagt, dass die Mittel, die eingezahlt werden, anders als bei privaten Versicherungen nicht in Kapitalfonds angelegt, sondern unmittelbar für soziale Aufgaben verwandt werden. So werden beispielsweise die Renten der Rentenbezieher direkt aus den Versicherungsbeiträgen der Erwerbstätigen bezahlt (Generationenvertrag) und auch die medizinischen Leistungen aus den Beiträgen der Krankenversicherung oder die Pflegekosten aus den Beiträgen der Pflegeversicherung (Solidargemeinschaft).

Hier handelt es sich um eine deutsche Besonderheit, die aus der Geschichte erklärt werden kann: Durch den Zweiten Weltkrieg und die vorher einsetzende Inflation wurden die kapitalgedeckten Fonds der Sozialversicherungen vernichtet, weshalb das Umlageverfahren eingeführt wurde, damit die Erwerbstätigen die

---

[2] „Versicherung ist die individuelle Äquivalenz zwischen der versicherungsmathematisch ermittelten und bewerteten Wahrscheinlichkeit des Eintritts eines Schadensereignisses und dem individuellen Finanzierungsbeitrag." (Littmann 1992, S. 16).

jeweils Anspruchsberechtigten versorgen könnten. Dieses Prinzip war in der jüngsten Vergangenheit, die durch hohe Wachstumsphasen und ein gutes Verhältnis von Beitragszahlern und Anspruchsberechtigten gekennzeichnet war, sinnvoll. In der Zukunft wird es aufgrund der demografischen Entwicklung zu einer Schwäche des Systems werden (Abb. 2.1).

2.2 Spitzenverbände der freien Wohlfahrtspflege werden bevorzugt gefördert

Da die Daseinsvorsorge in der Bundesrepublik Deutschland öffentlich verfasst ist, sind rechtliche Rahmenbedingungen für die Sozialwirtschaft strukturprägend. Somit wird auch das Terrain der Träger sozialer Einrichtungen und Dienste[3] durch rechtliche Rahmenbedingungen determiniert. Als Reaktion hierauf versuchten schon in der Weimarer Republik die Träger der Sozialen Arbeit, auf die Politik Einfluss zu nehmen. Hier liegt eine Wurzel für die Herausbildung der Spitzenverbände der freien Wohlfahrtspflege, denn nur als Verband waren die sozialen Einrichtungen und Dienste stark genug, um die notwendige Lobbyarbeit zu leisten. Es gelang ihnen in den Sozialgesetzen, z. B. im SGB XII, das Subsidiaritätsprinzip zu verankern.

> § 5 Abs. 4 SGB XII:
> „Wird die Leistung im Einzelfall durch die freie Wohlfahrtspflege erbracht, sollen die Träger der Sozialhilfe von der Durchführung eigener Maßnahmen absehen. Dies gilt nicht für die Erbringung von Geldleistungen."

Das Subsidiaritätsprinzip beschreibt die vorrangige Berücksichtigung von Trägern der freien Wohlfahrtspflege bei der Durchführung von Beratungen und Hilfen in Form von Sachleistungsbereitstellungen (mit Ausnahme von hoheitlichen Aufgaben). Der öffentliche Träger darf nur tätig werden, wenn kein Träger der freien Wohlfahrtspflege vorhanden ist, der die Leistung zu angemessenen Kosten erbringen kann. Die Planungs- und Gesamtverantwortung obliegt jedoch stets dem öffentlichen Träger.

---

[3]Unter öffentlichen Trägern sind öffentlich-rechtliche Körperschaften zu verstehen, denen durch Gesetze Handlungsaufträge zugewiesen werden (z. B. die Gebietskörperschaften). Freie Träger sind privatrechtlich organisiert, z. B. als Vereine oder GmbHs, und haben somit keine gesetzliche Handlungsverpflichtung, sondern geben sich ihren Arbeitsauftrag durch Satzungen und Entscheidungen ihrer Gremien selbst.

Privat geregelter sozialer Sektor	Öffentlich (gesetzlich) geregelter sozialer Sektor					
Privat geregelte soziale Vorsorge (z. B. Privatversicherungen)	Gesetzlich geregelte soziale Vorsorge (gesetzliche Sozialversicherungen)				Gesetzlich geregelte soziale Entschädigung	Gesetzlich geregelte soziale Förderung	Gesetzlich geregelte soziale Hilfe
Finanzierung über private Beiträge	Finanzierung über Versicherungsbeiträge der Arbeitnehmer und Arbeitgeber				Steuerfinanziert	Steuerfinanziert	Steuerfinanziert
Anspruchsberechtigt sind diejenigen, die Versicherungsbeiträge gezahlt haben	Anspruchsberechtigt sind diejenigen, die Versicherungsbeiträge gezahlt haben				Anspruchsberechtigt sind diejenigen, die besondere Lasten zu tragen haben	Anspruchsberechtigt sind diejenigen, die besondere Leistungen für die Gemeinschaft erbringen	Anspruchsberechtigt sind alle, die sich nicht selbst helfen können
z. B. Lebensversicherung, Berufsunfähigkeitsversicherung, private Krankenversicherung etc.	Gesetzliche Unfallversicherung (RVO)	Gesetzliche Krankenversicherung (SGB V, RVO, KVLG)	Gesetzliche Rentenversicherung (SGB VI, ALG)	Gesetzliche Pflegeversicherung (SGB XI)	Gesetzliche Arbeitslosenversicherung (SGB III)	Opfer von Kriegen (BVG, SVG), Verbrechen (OEG), SED-Unrecht (StrRehaG) etc.	Kindergeld (BKGG), Ausbildungsförderung (BAföG), Erziehungsgeld (BErzGG), Unterhaltsvorschuss (UhVorschG) etc.	Grundsicherung für Arbeitssuchende (SGB II) Kinder- und Jugendhilfe (SGB VIII) Sozialhilfe (SGB XII)
Äquivalenzprinzip	Äquivalenz- und Solidarprinzip	Äquivalenz- und Solidarprinzip	Äquivalenzprinzip	Äquivalenz- und Solidarprinzip	Äquivalenz- und Solidarprinzip	Solidarprinzip	Solidarprinzip	Solidarprinzip

Abb. 2.1 Prinzipien der sozialen Sicherung in der Bundesrepublik Deutschland. (Eigene Darstellung)

Ein weiteres besonderes Merkmal des Systems der sozialen Sicherung in der Bundesrepublik ist das Mitwirkungsrecht der freien Wohlfahrtspflege. So sind die Wohlfahrtsverbände in Ausschüssen vertreten und haben Einfluss auf Entscheidungen von Politik und Verwaltung und somit auf die Zurverfügungstellung von Mitteln.

Zu nennen ist drittens das Gemeinnützigkeitsprinzip. In der Sozialwirtschaft müssen viele Einrichtungen und Dienste gemeinnützig sein, wenn sie Mittel von öffentlichen Trägern bekommen wollen, d. h., sie dürfen keine Gewinne erzielen.

Aufgrund dieser Grundstrukturen und Prinzipien haben die Spitzenverbände der freien Wohlfahrtspflege in den Kernbereichen der Sozialen Arbeit eine Monopolstellung. Folglich war der Rahmen für andere private, erwerbswirtschaftlich orientierte Anbieter eng begrenzt. Dies wurde zwar immer wieder kritisiert und es entstanden beispielsweise in den 1970er und 80er Jahren vielfältige Initiativen, wie z. B. Selbsthilfeprojekte, Eltern-Initiativ-Kitas oder Jugendwohnprojekte. Doch diese wählten in der Regel die Rechtsform des Idealvereins und schlossen sich später zumeist dem Paritätischen Wohlfahrtsverband an.

Für gewerbliche Träger gab es in der Vergangenheit nur kleine Nischen. Die Existenz- und Unternehmensgründungen blieben weitgehend auf den Bereich der freiberuflichen Tätigkeiten, wie von Supervisoren und Lehrkräften, beschränkt, die im Rahmen von Honoraraufträgen für die gemeinnützigen Träger der freien Wohlfahrtspflege tätig wurden.

Die freie Wohlfahrtspflege wird durch das Subsidiaritätsprinzip, Mitwirkungsrecht und die Gemeinnützigkeit gestärkt und hat in den Kernbereichen der Sozialen Arbeit eine Monopolstellung. Das hat diese Aspekte zur Folge:

- Vorrangigkeit bei Auftragsvergaben;
- Einfluss auf Entscheidungen in Politik und Verwaltung;
- Ausgrenzung von privaten Anbietern;
- Einschränkung der marktwirtschaftlichen Kräfte im Bereich der Sozialwirtschaft;
- Auswahl der Mitarbeiter aufgrund von z. B. religiösen Weltanschauungen (Diakonie, Caritas).

Zusammenfassend betrachtet, haben wir es in Deutschland mit einem historisch gewachsenen, durch rechtliche Rahmenbedingungen determinierten System der sozialen Sicherung zu tun, das zu ungewöhnlich stabilen Strukturen geführt hat, die zunächst wenig Spiel- bzw. Freiräume für erwerbswirtschaftlich orientierte Existenz- und Unternehmensgründer bieten.

2.3 Störung der kollusiven Strukturen der Sozialwirtschaft

Die Strukturen der Sozialwirtschaft sind systemisch betrachtet kollusiv,[4] d. h. gegensätzlich, und doch in ihrem Zusammenwirken stabil. In kollusiven Systemen gibt es regressive und progressive Rollen, die Abhängigkeiten erzeugen und somit ein stabiles Gefüge konstituieren. Dies gilt auch im Zusammenspiel des sozialen und des erwerbswirtschaftlichen Sektors.

Im Zusammenspiel dieser zwei Bereiche übernimmt der soziale den regressiven und der erwerbswirtschaftliche Sektor den progressiven Part, denn der soziale ist vom erwerbswirtschaftlichen Bereich abhängig, was die Zurverfügungstellung von Ressourcen angeht. Der erwerbswirtschaftliche Bereich ist wiederum auf den sozialen angewiesen, was die Versorgung der für die Erwerbswirtschaft nicht oder nicht mehr benötigten Menschen betrifft.

Die Erwerbswirtschaft stellt Gelder zur Verfügung, und die Sozialwirtschaft versorgt Menschen, die u. a. aufgrund von Veränderungen in der Erwerbswirtschaft – wie Rationalisierungsmaßnahmen – in eine Notlage geraten sind. Doch da die Gelder nicht freiwillig, sondern aufgrund gesetzlicher Regelungen zur Verfügung gestellt werden, übernimmt der Staat eine Steuerungsfunktion für die Sozialwirtschaft. Dies gilt auch für inhaltliche Handlungsaufträge der Sozialen Arbeit, die durch die Bestimmungen des Sozialgesetzbuches teilweise bis ins Detail geregelt werden. Das Zusammenspiel zwischen dem Staat und der Sozialwirtschaft orientiert sich an einem Input-Output-Modell, im Sinne einer Maschinensteuerung. Man geht davon aus, dass das Sozialsystem regelbar ist, wenn Ressourcen aufgrund rechtlicher Bestimmungen zur Verfügung (Input)

---

[4]Der Begriff wurde insbesondere in der systemischen Paar- und Familientherapie geprägt. Eine Kollusion liegt dann vor, wenn ein Partner gesucht wird, der „[…] entweder die Befriedigung regressiver Tendenzen anbietet – Verwöhnung, Schutz, Sicherheit, sozialer Status, Verschmelzung – oder der einen narzisstischen Gewinn in Aussicht stellt und es ermöglicht, sich progressiv zu betätigen als überlegen, stark, als Helfer, Führer oder glanzvolles Statussymbol" (Willi 1994, S. 170). Maaz transferierte diesen Begriff auf das Zusammenspiel von politischen Systemen, z. B. zwischen der Bundesrepublik Deutschland und der ehemaligen DDR. Er geht davon aus, dass Kollusionen ein gemeinsames unbewusstes Leiden zugrunde liegt, „[…] das auf verschiedenen, meist gegensätzlichen Positionen ausgetragen oder abgewehrt wird und eine Zusammengehörigkeit wie Schloss und Schlüssel konstituiert" (Maaz 2010, S. 176). Der Ansatz wurde von mir für die Erläuterung des Wechselspiels zwischen dem erwerbswirtschaftlichen und sozialen Sektor übernommen (Kolhoff 1998, S. 398 ff.), u. a. um zu zeigen, wo Nischen bzw. Möglichkeiten für eine Existenz- und Unternehmensgründung überhaupt gegeben sind.

gestellt und die individuelle Anspruchsberechtigung auf der Grundlage von rechtlichen Vorschriften (Operationen) überprüft werden. Die Sozialwirtschaft stellt anschließend als Output individuelle Hilfen zur Verfügung.

Im Zusammenspiel zwischen dem Staat und der Sozialwirtschaft übernimmt der Staat den progressiven und die Soziale Arbeit den regressiven Part. In der Folge sind auch die Steuerungsmechanismen, die den sozialen Bereich bestimmen, kollusiv. Doch spätestens, wenn Wahlen anstehen, ist auch die Politik im demokratisch verfassten bundesdeutschen Gemeinwesen von der Sozialwirtschaft abhängig. Besonders deutlich wird dies, wenn Wählergruppen wie Rentner, Familien oder Arbeitslose angesprochen werden.

Auch das Verhältnis zwischen den öffentlichen und den freien Trägern der Wohlfahrtspflege ist kollusiv, weil es einerseits durch ein Abhängigkeits- und andererseits durch ein Machtverhältnis gekennzeichnet ist. Die öffentlichen Träger übernehmen den progressiven, die freien Träger der Wohlfahrtspflege den regressiven Part im kollusiven Zusammenspiel. Die freien Träger der Wohlfahrtspflege sind von den öffentlichen Trägern abhängig, weil über die öffentlichen Träger die Ressourcen zur Verfügung gestellt werden. Die öffentlichen Träger müssen sich aufgrund des Subsidiaritätsprinzips auf die Planungsverantwortung zurückziehen, wenn freie Träger der Wohlfahrtspflege vorhanden sind. Solange diese kollusiven Strukturen nicht gestört oder wenigstens teilweise aufgebrochen werden, haben Existenz- und Unternehmensgründer kaum eine Chance, in irgendeiner Weise erwerbswirtschaftlich im sozialen Bereich tätig zu werden (Abb. 2.2).

Um überhaupt für erwerbswirtschaftlich orientierte private Existenz- und Unternehmensgründungen Möglichkeiten zu eröffnen, muss die kollusive Struktur gestört werden. In der Tabelle sind im unteren Teil Störpotenziale angeführt, die das kollusive stabile System von Staat und Wirtschaft auf der einen und der Sozialen Arbeit auf der anderen Seite ins Schwingen gebracht haben. Dies eröffnet dann bedingte Chancen für Existenz- und Unternehmensgründer auf einem Quasimarkt.

Aufgrund gesellschaftlicher Veränderungen, insbesondere durch die demografische Entwicklung, nehmen die Anforderungen an die sozialen Sicherungssysteme zu. Gleichzeitig sind aber die zur Verfügung stehenden Ressourcen begrenzt. (Hinzu kommen dann noch die öffentlichen Verpflichtungen im Zuge der Finanz- und Eurokrise.)

Das System wird folglich instabil. Zwar versuchte der Gesetzgeber das bestehende kollusive System zu stabilisieren, indem die Sozialversicherungen durch steuerfinanzierte Anteile kofinanziert werden und die private Vorsorge, z. B. durch die Einführung der kapitalgedeckten Zusatzrente (sogenannte

2.3 Störung der kollusiven Strukturen der Sozialwirtschaft

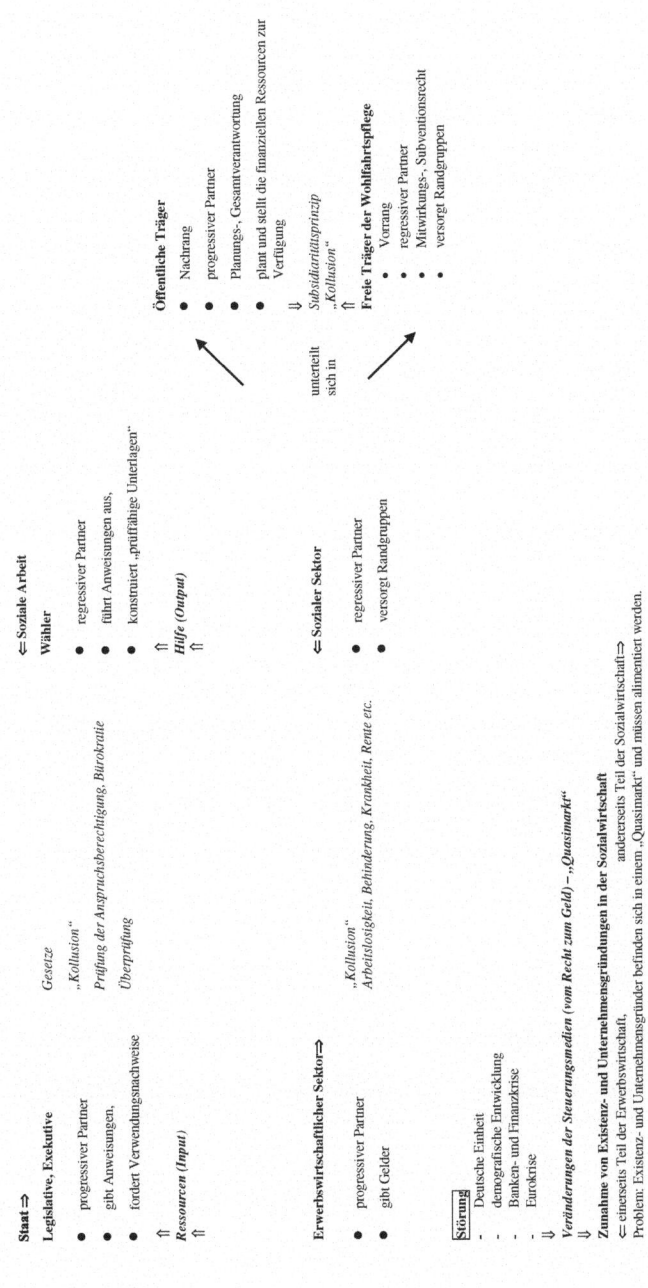

Abb. 2.2 Störpotenziale im kollusiven System von Staat, Wirtschaft und Sozialer Arbeit. (Eigene Darstellung)

„Riesterrente"), gefördert wurde. Doch das System, das von stetig wachsenden Einnahmen abhängig ist, um die zunehmenden Problemlagen zu bewältigen, geriet an Funktionsgrenzen. Deswegen wurde ein neues Steuerungsmodell mit dem Ziel eingeführt, dass die Soziale Arbeit nicht mehr dem Input, den Ressourcen, die zur Verfügung gestellt werden, sondern dem Output und Outcome folgen soll. Das bedeutet, dass sich das System statt lediglich an der Anspruchsberechtigung, die formal überprüft wird, auch am Markt und am Kundennutzen orientieren soll.

Das Steuerungsmedium „Recht" wird auf allen Ebenen der Sozialwirtschaft durch das Medium „Geld" ergänzt. Es wurden Marktmechanismen mit dem Ziel eingeführt, dass der preiswerteste Anbieter den Zuschlag erhält und Gelder effizienter verteilt werden. Diese Veränderung der Steuerungsmedien hat den Spielraum für Existenz- und Unternehmensgründer erhöht. Dies galt zuerst für den Bereich der Pflege. Hier wurden mit der Einführung des SGB XI gewerbliche Träger den gemeinnützigen Trägern gleichgestellt. Es entstand eine Fülle von gewinnorientierten Neugründungen, die in Konkurrenz zu den gemeinnützigen Trägern traten.

Durch die Einführung des Steuerungsmediums „Geld" wurden kollusive Strukturen in Schwingung versetzt. Denn statt an der Einhaltung von rechtlichen Bedingungen erfolgt eine Orientierung an Marktstrukturen. Doch auch wenn die vorhandenen kollusiven Strukturen gestört werden und der Spielraum für Existenz- und Unternehmensgründer wächst, sind diese dennoch von den Grundstrukturen des Systems abhängig. Hierzu gehört, dass die Sozialwirtschaft sich in einem Quasimarkt befindet, d. h., dass die Kostenerstattung erbrachter Leistungen in der Regel nicht durch diejenigen erfolgt, die die Leistung in Anspruch genommen haben, sondern durch die Sozialversicherungen oder öffentlich-rechtlichen Körperschaften, die hierzu in der Regel aufgrund von Gesetzen verpflichtet sind. Gewerbliche Träger müssen folglich ebenso wie freie gemeinnützige Anbieter durch öffentliche Mittel alimentiert werden.

Literatur

Kolhoff, L. (1998). Ökologisches koevolutionäres Handeln im sozialen Bereich. *Soziale Arbeit 12/98*, S. 398–405.
Littmann, K. (1992). *Empfiehlt es sich, die Zuweisung von Risiken und Lasten im Sozialrecht neu zu ordnen?* München: Gutachten F für den 59. deutschen Juristentag, München 1992.
Maaz, H.-J. (2010 [1990]). *Der Gefühlsstau*. 2. Aufl. 2010. Berlin: Argon.
Willi, J. (1994 [1989]). *Ko-Evolution*. 2. Aufl. 1994. Reinbek: Rowohlt.

Felder der Existenz- und Unternehmensgründung 3

Zusammenfassung

Unternehmensgründungen in der Sozialwirtschaft stehen vor dem Hintergrund der Rückbesinnung des Staates auf seine hoheitlichen Aufgaben und dem Outsourcing öffentlicher Aufgaben mit dem Ziel verbesserter Wirtschaftlichkeit. Private Unternehmen müssen sich auf eine Besonderheit der Sozialwirtschaft einstellen, nämlich dass die gehandelten Dienstleistungen (Hilfe- oder Unterstützungsangebote) nicht von denen bezahlt werden, die sie in Anspruch nehmen, sondern dass die Angebote durch öffentliche Mittel finanziert werden. Die Anbieter haben also zwei ganz unterschiedliche Zielgruppen: zum einen die Klientel und zum anderen die Kostenträger. In der Regel gehören soziale Einrichtungen den großen Verbänden der freien Wohlfahrtspflege an. Doch die Marktbeherrschung der fünf großen Akteure wurde durch zwei Paradigmenwechsel etwas aufgeweicht: zum einen „vom Recht zum Markt" und zum anderen „von der Sach- zur Geldleistung". Eine sozialwirtschaftliche Unternehmensgründung ist als gewinnorientierte, aber auch als nicht gewinnorientierte Variante denkbar. In diesem Fall kann sich der Unternehmensgründer z. B. als Geschäftsführer von einer von ihm gegründeten gGmbH oder einem Verein anstellen lassen.

Lernziele

Sie erhalten konkrete Anregungen zu Tätigkeitsfeldern, in denen Existenzgründungen möglich und aussichtsreich sind. Sie eignen sich Grundlagen über berufliche Tätigkeiten (frei bzw. gewerblich) sowie die jeweiligen steuerrechtlichen Besonderheiten an und erhalten einen Überblick über die Möglichkeiten gewinnorientierter sowie nicht gewinnorientierter Unternehmensgründungen. Für das Hintergrundverständnis werden Besonderheiten des sozialen Marktes sowie die Bedeutung der beiden oben erwähnten Paradigmenwechsel erläutert.

3.1 Felder der Existenz- und Unternehmensgründung im Zuge des Outsourcings öffentlicher Aufgaben

Unter **Outsourcing** *(outside resource using)* versteht man die Auslagerung von Unternehmensfunktionen auf ein anderes Unternehmen, das diese selbstständig erledigt. Die Gründe für das Outsourcing öffentlicher Aufgaben sind vielfältig. So werden den öffentlichen Trägern aufgrund struktureller Rahmenbedingungen Effektivitäts- und Effizienzrückstände unterstellt. Von privaten Dienstleistern werden Einsparungen aufgrund der unterstellten höheren Effizienz und des Erfolgsdrucks des Marktes erwartet.

3.1.1 Bereiche des Outsourcings

Outsourcing findet insbesondere in Servicebereichen wie Reinigungs-, Wäsche-, Pförtner-, Wach-, Wartungs-, Reparatur-, EDV- oder Cateringdiensten statt. So wird beispielsweise in Krankenhäusern die Wäsche von Fremdfirmen gereinigt und die Verpflegung von privaten Cateringdiensten geliefert. Auch städtische Gärtnereien lassen die Blumenversorgung und die Wartungs- und Reparaturarbeiten von Dienstfahrzeugen durch Privatfirmen erledigen. Weitere Beispiele sind die Gebäudereinigung, Druck- und Buchbindearbeiten oder Finanzdienstleistungen:

> „Was früher tausende Bankangestellte in hunderten Filialen vor Ort machten, erledigt heute oft eine einzige sogenannte Kreditfabrik mit wenigen Beschäftigten für das ganze Bundesgebiet. Banken und Sparkassen lagern banktechnische Leistungen, insbesondere für die Abwicklung von Zahlungen, Überweisungen und Darlehen, zunehmend auf eigenständige Dienstleistungsunternehmen aus." (Pfeiffer 2012).

Das Outsourcing findet auch in funktionalen Bereichen der Allgemeinen Verwaltung statt, wie Personalverwaltung, Rechnungswesen, Logistik, Anlagenwartung, Rechenzentrumsdienstleistungen.

Outsourcing findet weiterhin auch im Immobilienmanagement öffentlicher Dienststellen statt, das neben der Bereitstellung der Gebäude oftmals auch Reinigung, Instandhaltung, Heizung und Pförtnerdienste umfasst. Ein weiteres wichtiges Feld des Outsourcings ist die Funktionsübertragung von Infrastrukturleistungen, z. B. durch die Privatisierung von Strom-, Gas-, Fernwärme- und Wasserversorgungsunternehmen, die Privatisierung von Flughäfen, der Post, der Telekommunikation oder im Versicherungs- und Verkehrswesen (Bahn).

3.1.2 Formen des Outsourcings

Das Outsourcing kann als

- **Organisationsprivatisierung** durch die Gründung von Eigengesellschaften erfolgen oder in Form von Kooperationsmodellen zwischen öffentlichen und erwerbswirtschaftlichen Trägern (Public-private-Partnership; Otte und Wenzler 2001, S. 7) (Abb. 3.1).

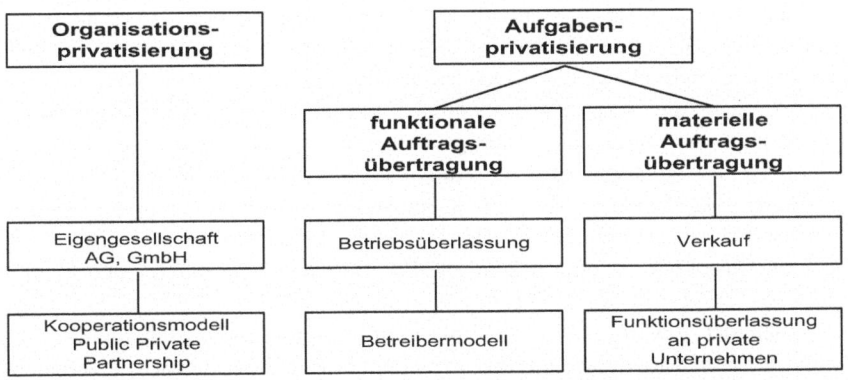

Abb. 3.1 Formen des Outsourcings. (Angelehnt an Otte und Wenzler 2001, S. 9)

Neben der Organisationsprivatisierung besteht die Möglichkeit der

- **Aufgabenprivatisierung** als funktionale oder materielle Auftragsübertragung an private Unternehmen. Während die funktionale Auftragsübertragung (wie die Organisationsprivatisierung) dadurch gekennzeichnet ist, dass der Ermessensspielraum des Auftragsnehmers durch den öffentlichen Auftraggeber eingeschränkt werden kann, bestimmt beim Outsourcing als materielle Auftragsübertragung der Funktionsnehmer selbstständig die Art und Weise der Auftragserfüllung (Abb. 3.1).

Unter Organisationsprivatisierung versteht man die Umwandlung von Ämtern, Regie- und Eigenbetrieben in privatwirtschaftliche Unternehmen (GmbH, AG). Dabei bleibt der beherrschende Einfluss der öffentlichen Hand bestehen.

Für Otte und Wenzler ist die Organisationsprivatisierung keine eigentliche Privatisierung staatlicher Aufgaben, da sich der Staat lediglich privatrechtlicher Organisationsformen bedient, um seine Aufgaben zu erfüllen (Otte und Wenzler 2001, S. 7), aber die Kontrolle der Aufgaben nicht aus der Hand gibt.

Bei Kooperationsmodellen im Sinne einer Public-private-Partnership bietet die öffentliche Hand zusammen mit der Privatwirtschaft Dienstleistungen an. Es bleibt bei einem maßgeblichen Einfluss der Kommune. Es werden aber externe Partner mit einbezogen, die sich mit Kapital, aber auch mit Know-how an der Unternehmensführung und -kontrolle beteiligen. Dies bedeutet keine Beteiligung, z. B. an städtischen Gesellschaften wie Stadtwerken, sondern die Gründung von gemeinsamen Servicegesellschaften durch die öffentliche Hand auf der einen und erwerbswirtschaftliche Unternehmen auf der anderen Seite.

Übertragen die Kommunen öffentliche Aufgaben an private Unternehmer, spricht man von funktionaler Auftragsübertragung. Bei der Betriebsüberlassung erfüllt das Privatunternehmen die Aufgaben und stellt dem öffentlichen Träger dafür eine Rechnung aus. Ein Sonderfall der Auftragsüberlassung ist das Betreibermodell, bei dem ein privates Unternehmen ein Vorhaben finanziert und betreibt, beispielsweise eine Kläranlage. Der Betreiber wird durch eine öffentliche Ausschreibung ermittelt (Otte und Wenzler 2001, S. 7 ff.).

Neben der funktionalen ist die materielle Auftragsüberlassung durch Verkauf oder Funktionsverlagerung an private Unternehmen zu nennen. Privatisiert werden kommunale die Energie- und Wasserversorgung, Abwasserentsorgung, Abfallbeseitigung, Städteplanung, Verkehrsplanung, Verwaltung des kommunalen Hausbesitzes, Straßenreinigung, Gebäude- oder Fensterreinigung, Gebäudebewachung, Kfz-Wartung, Konzertveranstaltungen, Krankenhäuser, Kindergärten, Jugendeinrichtungen, Alteneinrichtungen, Kantinen, Schwimmbäder, Grünanlagen, Friedhöfe, Märkte etc.

3.2 Felder der Existenz- und Unternehmensgründung in der Sozialwirtschaft

Die Arbeitsfelder im sozialen Bereich unterscheiden sich von denen des erwerbswirtschaftlichen Bereichs in der Regel dadurch, dass die Dienstleistungen als Hilfe- oder Unterstützungsmaßnahmen erfolgen. Im Unterschied zu den Märkten der Erwerbswirtschaft ist der Markt sozialer Dienstleistungen ein „Quasimarkt". Hierunter ist zu verstehen, dass Nachfrager und Zahler sozialer Dienstleistungen nicht identisch sind. Nur wenige Klienten Sozialer Arbeit sind in der Lage, die Dienstleistungen zu bezahlen, die sie erhalten. In der Regel erfolgt die Finanzierung sozialer Leistungen über öffentliche Mittel, deren Bereitstellung durch rechtliche Rahmenbedingungen geregelt wird. Der soziale Markt unterscheidet sich also vom erwerbswirtschaftlichen Markt, da Erzeuger und Verbraucher der sozialen Dienstleistung davon abhängig sind, dass die Dienstleistungen über öffentliche Mittel finanziert werden.

Die Erzeuger der sozialen Dienstleistungen müssen nicht nur die Verbraucher erreichen, sondern insbesondere zu den Kostenträgern Anschlussfähigkeit herstellen. Sie erhalten nur dann eine indirekte Finanzierung über ihre Klientel, wenn ihre Kunden oder Klienten anspruchsberechtigt sind und nur dann eine direkte Finanzierung ihrer Einrichtung, wenn Politik und Verwaltung hierzu bereit sind. Folglich müssen sich die Erzeuger sozialer Dienstleistungen an den Anspruchsberechtigungen ihrer Klienten orientieren und darüber hinaus gute Kontakte zu Politik und Verwaltung pflegen, um Finanzierungsflüsse sicherzustellen.

Die gesetzlichen Bestimmungen sehen oftmals vor, dass soziale Einrichtungen und Dienste gemeinnützig sind, d. h., sie dürfen keine Gewinne machen. Nur in Teilbereichen (z. B. SGB XI Pflegeversicherung) sind gewinnorientierte Einrichtungen zugelassen. Eine Folge dieser Rahmenbedingungen ist, dass selbstständige Existenzen in Form gewinnorientierter Unternehmensgründungen in der Sozialwirtschaft nur begrenzt möglich sind, da eine Voraussetzung jeder selbstständigen Existenz der Gewinn aus freiberuflicher oder gewerblicher Tätigkeit ist, denn der Gewinn ist die Quelle des Unternehmerlohns.

Der Markt sozialer Dienstleistungen liegt fest in der Hand der Spitzenverbände der freien Wohlfahrtspflege. Sie sind gemeinnützig, erzielen keine Gewinne und erfüllen somit eine wichtige Voraussetzung zur Inanspruchnahme vieler öffentlicher Finanzierungsquellen. Da Existenz- und Unternehmensgründer aber gerade auf Gewinne angewiesen sind, um ihren Unternehmerlohn decken zu können, scheidet ein Großteil der Arbeitsfelder des sozialen Bereichs oftmals für klassische Existenz- und Unternehmensgründungen aus.

Doch das Feld ändert sich, denn sozioökonomische Veränderungen, wie die demografische Entwicklung, Globalisierungseinflüsse, Rationalisierung durch den Einsatz von Informationstechnologien und die Wirtschaftskrise haben die sozialen Sicherungssysteme zunehmend ausgedehnt und belastet, sodass der Gesetzgeber gezwungen war, neue Parameter in den Feldern der Sozialen Arbeit zu implementieren. Es sind die Paradigmenwechsel „Vom Recht zum Markt" und „Von der Sachleistung- zur Geldleistung".

3.2.1 Vom Recht zum Markt

Statt das Feld der sozialen Dienstleistungen nur rechtlich zu strukturieren, wurden seit Mitte der 1990er Jahre zunehmend marktorientierte Steuerungsansätze eingeführt, wie z. B. mit der Pflegeversicherung 1995, die gewinnorientierten Trägern den Marktzugang ermöglichte. Im Rahmen der „Hartz-Reformen" kamen gewinnorientierte Arbeitsvermittler und gewerbliche Personalberatungs- und Entwicklungsgesellschaften zum Zuge.

Mit der Einführung von Leistungsentgelten in der Kinder-, Jugend- und Sozialhilfe haben sich auch hier neue Möglichkeiten für Selbstständige eröffnet. Freiberufler und gewerbliche Träger finden sich in Kindertagesstätten, in Einrichtungen der Fremdunterbringung, der Benachteiligtenförderung oder in Wohnheimen für Nichtsesshafte.

Zunehmend werden soziale Dienstleistungen ausgeschrieben, bei denen die kostengünstigsten Anbieter den Auftrag erhalten. Die Frage der Gewinnorientierung oder Gemeinnützigkeit verliert an Bedeutung. Der soziale Markt wird somit dereguliert und eröffnet Sozialarbeitern eine Chance auf Existenz- und Unternehmensgründungen. Diese ökonomischen Veränderungen setzen gleichzeitig die öffentlichen und Non-Profit-Träger unter Konkurrenzdruck. Öffentliche Einrichtungen in der Sozialen Arbeit werden privatisiert, da gewerbliche Träger aufgrund anderer Organisations- und Vergütungsstrukturen in der Lage sind, preisgünstiger zu agieren als die etablierten Träger. Sie beschäftigen dann auch „outgesourcte Mitarbeiter" der öffentlichen oder Non-Profit-Träger zu Niedriglöhnen. Hinzu kommt, dass sich beispielsweise im Betreuungs-, Beratungs-, Bildungs- und Qualifizierungsbereich zunehmend freie Träger auf ein Kernangebot sowie eine Kernmannschaft von Festangestellten konzentrieren und zusätzliche Dienstleistungen bei freiberuflich tätigen Honorarkräften einkaufen. Von ihnen kann man sich jederzeit trennen, was das Risiko senkt, außerdem sind sie preisgünstiger als Festangestellte, denn es gelten für die Vergütung keine tariflichen Regelungen wie bei Angestellten.

Dies ist für den einzelnen betroffenen Sozialarbeiter teilweise existenzbedrohend, aber an anderer Stelle für die neuen Selbstständigen in der Sozialen Arbeit wiederum existenzermöglichend. Selbstständige sind von der Sozialversicherungspflicht ausgenommen und können ggf. direkte und versteckte Subventionen in Anspruch nehmen (z. B. für Arbeitslosengeldempfänger die sogenannten Gründungszuschüsse und günstige Konditionen in der Kranken- und Arbeitslosenversicherung), wodurch sie oftmals kostengünstiger agieren können als gemeinnützige freie Träger. Es handelt sich hier um einen Zielkonflikt, bei dem nicht alle gewinnen können, da es sich um Umverteilungen handelt oder um ein Nullsummenspiel.

3.2.2 Von der Sachleistung zur Geldleistung

Mit der Einführung der Pflegeversicherung wurde ein weiterer Paradigmenwechsel in der Sozialen Arbeit eingeleitet. Statt der klassischen Sachleistung konnten nun auch Geldleistungen von den Versicherten in Anspruch genommen werden. Auch wenn diese nur die Hälfte der Sachleistungen betrugen, wurden sie für die ambulante Pflege dennoch mehrheitlich gewählt. Hiermit wurde ein informeller Sektor der sozialen Dienstleistungen aufgebaut und finanziert, seien es Nachbarn, Familienangehörige oder aber preiswerte illegal tätige Pflegekräfte aus Mittel- und Osteuropa. Auch wenn die Pflegeversicherung mittlerweile an Finanzierungsgrenzen geraten ist, so wäre sie von Anfang an nicht finanzierbar gewesen, wenn allein das Sachleistungsprinzip gegolten hätte.

An Finanzierungsgrenzen ist auch die Behindertenhilfe mit ihren hohen Wachstumsquoten geraten. Eine Dämpfung soll durch die Einführung persönlicher Budgets erfolgen. Behinderte bzw. ihre gesetzlich bestellten Betreuer können seit 2008 selbst über ein Budget verfügen. Sie können kalkulieren und statt eines großen, gemeinnützigen Trägers vielleicht den kleinen gewinnorientierten Träger oder Einzelunternehmer in Anspruch nehmen. Besonders dann, wenn der Einzelunternehmer, bevor er sich selbstständig gemacht hat, bei dem großen Träger beschäftigt war und intensive Kontakte zum Klienten aufgebaut hat, um dessen Budget er jetzt mit seinem ehemaligen Arbeitgeber konkurriert.

Die Einführung von Geld- statt Sachleistungen wird in formalisierter Form auch im Bereich des SGB II und SGB III (Vermittlungs- oder Bildungsgutscheine) angewandt, außerdem im Rahmen des Ausbaus von Kindergärten und Krippen diskutiert. Auch hier ist davon auszugehen, dass gewinnorientierte Träger und Einzelunternehmer von dem Wechsel von der Sach- zur Geldleistung profitieren werden. Es öffnen sich somit in der Zukunft vielfältige Fenster für Möglichkeiten der Selbstständigkeit im Feld der sozialen Dienstleistungen.

3.2.3 Geschäftsideen reichlich vorhanden

Geschäftsideen für Gründungen im sozialen Bereich sind vielseitig und lassen viele Variationen zu. Zu den besonders zukunftsträchtigen Ideen zählt Eva-Maria Siuda, die sich als Unternehmensberaterin auf Existenz- und Unternehmensgründungen im sozialen Bereich spezialisiert hat, folgende Ansätze:

- Betrieb von Altenheimen, weil der Bedarf zunehmen wird;
- flexible Kinderbetreuungsangebote, die auch den Bildungsaspekt bedienen, weil immer mehr Mütter ihre Erwerbstätigkeit nicht aufgeben wollen oder können und gute Bildung für Kinder existenziell ist;
- Angebote für Übergewichtige oder chronisch Kranke in Kooperation mit Krankenkassen, Sportvereinen, Ärzten und Schulen (Kurse, Beratung, Projekte), weil die gesetzliche Krankenversicherung Vernetzung und Prävention fördert;
- ambulantes betreutes Wohnen für Menschen mit Behinderungen, weil die Zahl der psychischen Erkrankungen, auch bei jungen Menschen, wächst;
- Angebote und Schulen im Bereich der ganzheitlichen Entspannung und Stressreduktion (Einzelkurse oder Urlaube) und betrieblichen Gesundheitsförderung, weil dies von der gesetzlichen Krankenversicherung gefördert wird;
- Aufbau von „Seniorengenossenschaften", die ehrenamtliche Tätigkeit mit professioneller Betreuungs- und Pflegetätigkeit verbinden sowie sich als Dienstleister für eine bessere Lebensqualität positionieren, weil professionelle Arbeit allein unbezahlbar wird.

„Allerdings," warnt Eva-Maria Siuda, „dürften Erfolg versprechende Geschäftsideen nicht einfach von bereits bestehenden Unternehmen kopiert werden. Wie für jede Gründung gilt auch hier: Jede Gründerin und jeder Gründer muss sich mit einem ganz besonderen Angebot auf dem Markt positionieren. Dieses Alleinstellungsmerkmal ist entscheidend, um sich von seinen Wettbewerbern abzuheben." (Existenzgründungsportal 2018).

3.2.4 Gewinnorientierte Tätigkeiten

Gewinnorientierte selbstständige Tätigkeiten erfolgen in der Regel als Gewerbe oder im Rahmen eines freien Berufs. Unter Gewerbe versteht man nach § 15 EStG jede erlaubte auf Erwerb gerichtete und auf gewisse Dauer berechnete

Tätigkeit, soweit sie nicht dem land- und forstwirtschaftlichen Bereich oder den freien Berufen zuzurechnen ist:

> „Eine selbstständige nachhaltige Betätigung, die mit der Absicht, Gewinn zu erzielen, unternommen wird und sich als Beteiligung am allgemeinen wirtschaftlichen Verkehr darstellt, ist Gewerbebetrieb, wenn die Betätigung weder als Ausübung von Land- und Forstwirtschaft noch als Ausübung eines freien Berufs noch als eine andere selbstständige Arbeit anzusehen ist.
>
> Eine durch die Betätigung verursachte Minderung der Steuern vom Einkommen ist kein Gewinn im Sinne des Satzes 1. Ein Gewerbebetrieb liegt, wenn seine Voraussetzungen im Übrigen gegeben sind, auch dann vor, wenn die Gewinnerzielungsabsicht nur ein Nebenzweck ist." (§ 15 (2) EstG).

Gewinnorientierte gewerbliche Unternehmen entstehen beispielsweise im Zuge des Outsourcings, da öffentliche und freie Träger Servicedienste wie z. B. Reinigungs- oder Versorgungsdienste mit Wäsche oder Essen privatisieren. Gewerbliche Unternehmen konnten aber, wie schon erwähnt, auch in einigen Kernbereichen Sozialer Arbeit entstehen, so im Pflegebereich, da das SGB XI gewerbliche Träger den gemeinnützigen gleichstellt.

Doch in vielen Bereichen der Sozialen Arbeit sind gewerbliche Tätigkeiten nicht möglich. Gleichwohl können öffentliche und gemeinnützige freie Träger Selbstständige als freie Mitarbeiter beschäftigen. Beispielsweise können Sozialarbeiter und Sozialpädagogen in der Jugendarbeit als Honorarkraft auf freiberuflicher Basis z. B. zur Regelung des Umgangs, für die Erziehungsberatung oder im Feld der Mediation tätig werden:

Die Eltern AG

„PISA- und IGLU-Studie zeigen auf, wie erheblich der Einfluss der sozialen Herkunft der Kinder auf ihren späteren Schul- und Ausbildungserfolg sowie die psychische und physische Gesundheit ist – besonders in Deutschland. Die ELTERN-AG bekämpft diese Ungerechtigkeiten mit dem Ziel, dass alle Kinder in Deutschland von ihren Eltern liebevoll und einfühlsam auf allen Ebenen gefördert werden, sodass sie – unabhängig von ihrer Herkunft – die gleichen Bildungs- und Lebenschancen erhalten.

ELTERN-AG ist ein praxisorientiertes Präventionsprogramm der frühen Bildung, Elternschule und Jugendhilfe. Das Angebot richtet sich an Familien in besonders belastenden Lebenslagen, die durch konventionelle Hilfsangebote nur schwer bis gar nicht erreicht werden. Prägnant für ELTERN-AG ist der niedrigschwellige und aufsuchende Charakter, die aktivierende, wertschätzende Arbeitsweise und der Empowerment-Ansatz. Sie zielt auf werdende Eltern und Familien mit Kindern bis zur Einschulung ab und ist für die teilnehmenden Eltern kostenfrei. Die ELTERN-AG Gruppen werden in Wohnortnähe durchgeführt. Eine Kinderbetreuung wird bei Bedarf angeboten.

ELTERN-AG vertritt die Auffassung, dass wenige und einfache Erziehungsgrundsätze ausreichend sind. Grundannahme ist, dass Erziehungsfähigkeiten bei nahezu allen Eltern vorhanden sind. Sie lassen sich in der Gruppe entwickeln und stärken (gemeinsames Lernen auf gleicher Augenhöhe, Empowerment-Methode). ELTERN-AG ist trotz einfach formulierter Postulate explizit wissenschaftlich ausgerichtet. Der Ansatz integriert im Besonderen die aktuellen Erkenntnisse der Neurowissenschaften, der Entwicklungspsychologie und der Sozialpädagogik. Das Konzept der ELTERN-AG fokussiert die Eltern-Kind-Interaktion (Bindungsverhalten), die kindliche Entwicklung bis zur Einschulung sowie lebensweltliche und sozialräumliche Bedingungen.

ELTERN-AG arbeitet mit Trägern der freien Wohlfahrtspflege, die Bildungsarbeit mit jungen Familien in besonders belastenden Lebenslagen leisten wollen und zugleich ihre Mitarbeiter*innen weiterbilden möchten. Motivierte Einzelinteressent*innen mit pädagogischem Hintergrund können sich ebenfalls für eine Ausbildung bewerben.

Für die Durchführung der Elternschulen werden Sozialarbeiter*innen/-pädagog*innen, Erzieher*innen sowie Personen, die anderweitig entsprechende Qualifikationen nachweisen können, von der MAPP-Empowerment gGmbH in einer berufsbegleitenden neun- bis zwölfmonatigen Zusatzqualifikation zu ELTERN-AG Trainer*innen („Trainer*innen für Empowerment in der frühen Bildung und Erziehung") ausgebildet. Die MAPP-Empowerment ist anerkannter Träger der Kinder- und Jugendhilfe.

Ablauf:

Das ELTERN-AG Programm beginnt mit einer sechs- bis zehnwöchigen Vorlaufphase, in der die Eltern in Zusammenarbeit mit Institutionen und Schlüsselpersonen (Multiplikator*innen) eines Stadtteils oder aber durch direkte Ansprache akquiriert werden. Werden mindestens zwölf Personen für die Teilnahme an einer ELTERN-AG gewonnen und Räumlichkeiten für die Gruppentreffen gefunden, so kann das erste ELTERN-AG Treffen durchgeführt werden. In den folgenden zehn Wochen der ELTERN-AG, der sogenannten Einführungsphase, werden die Eltern durch die Trainer*innen in das Programm eingeführt und mit dem Konzept vertraut gemacht. In

3.2 Felder der Existenz- und Unternehmensgründung ...

> weiteren zehn Treffen, der sogenannten Vertiefungsphase, werden die konzeptionellen Abläufe der ELTERN-AG und die bisher vermittelten Inhalte gefestigt. Die Eltern wachsen zunehmend in die eigenständige Durchführung der Treffen hinein. Im Anschluss an den 20-wöchigen Kurs treffen sich die Eltern weiterhin als selbstorganisierte und sozialräumlich vernetzte Gruppe und werden bei Bedarf von Pat*innen unterstützt.
> Die Teilnahme an der ELTERN-AG beruht immer auf Freiwilligkeit. Alle Treffen basieren auf dem ELTERN-AG Trio:
>
> 1. Mein aufregender Eltern-Alltag (Learning by doing)
> 2. Relax (Stressmanagement)
> 3. Schlaue Eltern (Wissensvermittlung)
>
> Durch die Merkmale „Einfachheit" und „niedrige Zugangsschwelle" findet das Programm bei den Adressat*innen der Zielgruppe eine hohe Akzeptanz. Die Gruppen bestehen nachweislich zu 97 % aus Familien in besonders belastenden Lebenslagen. 68 % aller Eltern treffen sich auch zwölf Monate nach Abschluss der ELTERN-AG noch regelmäßig. Von 2004 bis Dezember 2017 wurden 5310 Eltern mit 11.683 Kindern von 343 Trainer*innen erreicht." (Quelle: ELTERN-AG o. J.).

Zu nennen sind weiterhin Auslandsangebote im Rahmen einer intensiven sozialpädagogischen Einzelbetreuung, aber auch die Bereiche der Personalentwicklung in Form der klassischen Fort- und Weiterbildung oder als Supervision und Coaching. Zu erwähnen ist auch der Intensivpflegebereich mit seinen vielfältigen Angeboten.

> „Als Intensivpfleger ist Samer hoch qualifiziert. Mit seinen Fortbildungen und Schulungen, vor allem der Erfahrung aus achtzehn Jahren Arbeit an der Grenze von Leben und Tod ist er ein gefragter Fachmann. Seit einem Jahr weiß der 48 Jahre alte Klinikangestellte auch, dass er dafür mehr als den Tariflohn bekommen kann. Seither arbeitet er zusätzlich selbstständig als Honorarpfleger. Da ist nicht nur die Bezahlung besser, auch schlägt jede Überstunde in Euro und Cent zu Buche. Fünf andere Kliniken buchen Samer in seinem ersten Jahr. Dadurch blickt er über den Tellerrand der Herzchirurgie hinaus. Ganz verzichten will er auf die Sicherheit einer Festanstellung aber nicht. Intensivpfleger wie Samer verdienen bis zu 3300 EUR im Monat, berichtet die Deutsche Krankenhausgesellschaft. Das sind bei 40 h die

Woche knapp 21 EUR in der Stunde. Der Bundesverband der freiberuflichen Pflegefachkräfte beziffert die Honorare selbstständiger Pfleger auf 28 bis 60 EUR die Stunde. Da ist noch nicht Schluss. ‚In der Intensivpflege habe ich brutto auch schon 70 EUR pro Stunde verdient', sagt Samer." (Bennrath 2013, S. 13).

Wenn von selbstständigen Existenzen in der Sozialwirtschaft die Rede ist, handelt es sich oft um freiberufliche Honorartätigkeiten oder Tätigkeiten in gewerblichen, gewinnorientierten Bereichen, deren Anwendungsfelder begrenzt sind. Ein weiteres Feld bietet sich im Rahmen der gesetzlichen Betreuung:

„Im Jahr 2014 standen mehr als 1,3 Mio. Menschen unter gesetzlicher Betreuung. Rund 57 % davon werden von ehrenamtlichen Betreuern betreut, 43 % von Berufsbetreuern (Quelle: www.bundesanzeiger-verlag.de). Diese werden vom Vormundschaftsgericht bestellt, wenn Volljährige infolge körperlicher, seelischer oder geistiger Erkrankungen ihre Angelegenheiten nicht mehr selbst regeln können (z. B. bei Altersdemenz, Psychosen, Suchterkrankungen, geistigen Behinderungen). Typische Aufgabenbereiche der Betreuer sind: Vermögenssorge (z. B. Entscheidungen zur Geldanlage), Aufenthaltsbestimmung, Wohnungsangelegenheiten (z. B. Vertragsangelegenheiten), Gesundheitsfürsorge (z. B. gemeinsame Gespräche mit Ärzten), ‚freiheitsentziehende' Maßnahmen (z. B. geschlossene Unterbringung) oder Entgegennehmen und Öffnen der Post. Wer als Betreuer arbeiten will, kann sich bei den regionalen Betreuungsbehörden (in der Regel dem Gesundheitsamt oder Jugendamt) registrieren lassen. Eine bestimmte Ausbildung ist derzeit nicht erforderlich. Allerdings legen die Betreuungsbehörden besonderen Wert auf gute Rechts- und Verfahrenskenntnisse." (BMWi 2017, S. 4).

3.2.5 Was sind freie Berufe?

Im Partnerschaftsgesetz heißt es in § 1 Abs. 2:

„Die freien Berufe haben im Allgemeinen auf der Grundlage besonderer beruflicher Qualifikationen oder schöpferischer Begabung die persönliche eigenverantwortlich und fachlich unabhängige Erbringung von Dienstleistungen höherer Art im Interesse der Auftraggeber und der Allgemeinheit zum Inhalt […]." (§ 1 (2) PartnG).

D. h., dass derjenige, der einen freien Beruf ausübt, diesen in der Regel allein ausübt. Er kann die Aufgaben nicht delegieren, und es handelt sich um eine Tätigkeit, die hohe Anforderungen an ihn stellt. Doch ein Angehöriger eines freien Berufs ist

„[…] auch dann freiberuflich tätig, wenn er sich der Mithilfe fachlich vorgebildeter Arbeitskräfte bedient; Voraussetzung ist, dass er auf Grund eigener Fachkenntnisse leitend und eigenverantwortlich tätig wird. Eine Vertretung im Fall vorübergehender Verhinderung steht der Annahme einer leitenden und eigenverantwortlichen Tätigkeit nicht entgegen." (§ 18 (1) Nr. 1 EstG).

Im Einkommensteuergesetz werden in § 18 (1) Nr. 1 drei freiberufliche Berufsgruppen unterschieden: selbstständig ausgeübte wissenschaftliche, künstlerische, schriftstellerische, unterrichtende und erzieherische Tätigkeiten (Tätigkeitsberufe); die selbstständige Tätigkeit der im Gesetz aufgezählten sog. Katalogberufe und die selbstständige Tätigkeit der den Katalogberufen ähnlichen Berufe (Analogberufe). (Abb. 3.2 bildet die Struktur der Selbstständigen in Freien Berufen in Deutschland ab.)

3.2.5.1 Tätigkeitsberufe

Tätigkeitsberufe gem. § 18 (1) Nr. 1 EStG, die wissenschaftlich, künstlerisch, schriftstellerisch, unterrichtend oder erzieherisch ausgerichtet sind, bedingen ein relativ hohes Anforderungsprofil. So wird als wissenschaftliche Tätigkeit die Erstellung von Gutachten sowie auch Prüfungs- und Lehrtätigkeit gesehen, wenn sie besonders qualifiziert ist. Sozialpädagogen können also, z. B., wenn sie qualifizierte Äußerungen im Sinne von Gutachten abgeben, wissenschaftlich tätig werden. Zu den Tätigkeitsberufen gehören auch das schriftstellerische Schreiben und das Unterrichten. So nehmen Lehrer oder Trainer eine unterrichtende oder erzieherische Tätigkeit mit Menschen wahr. Erzieherische Berufe sind den Tätigkeitsberufen zuzurechnen. Hierbei werden im sozialpädagogischen Bereich Abgrenzungen vorgenommen. So stellt sich z. B. die Frage, ob bei der Unterbringung in einem Kinderheim der erzieherische Aspekt im Vordergrund steht oder die psychische und physische Erholung. Wenn der erzieherische Aspekt im Vordergrund steht, handelt es sich um eine Tätigkeit in einem freien Beruf. Weitere freie Berufe im Bereich der Sozialen Arbeit sind Logopäden oder Sozialarbeiter, die therapeutische Tätigkeiten ausüben (Rothfischer und Oberländer 2004, S. 133 ff.).

Eine wichtige Voraussetzung für die freiberufliche Tätigkeit ist eine Ausbildung auf hohem Niveau, des Weiteren gibt es berufsrechtliche Regelungen, wie z. B. die Standesrechte und Berufsordnungen der Ärzte oder Rechtsanwälte, die von den jeweiligen Kammervollversammlungen mit Zustimmung der zuständigen Aufsichtsbehörden verabschiedet werden.

3.2.5.2 Katalogberufe

In § 18 (1) Nr. 1 EstG werden folgende Katalogberufe aufgezählt:

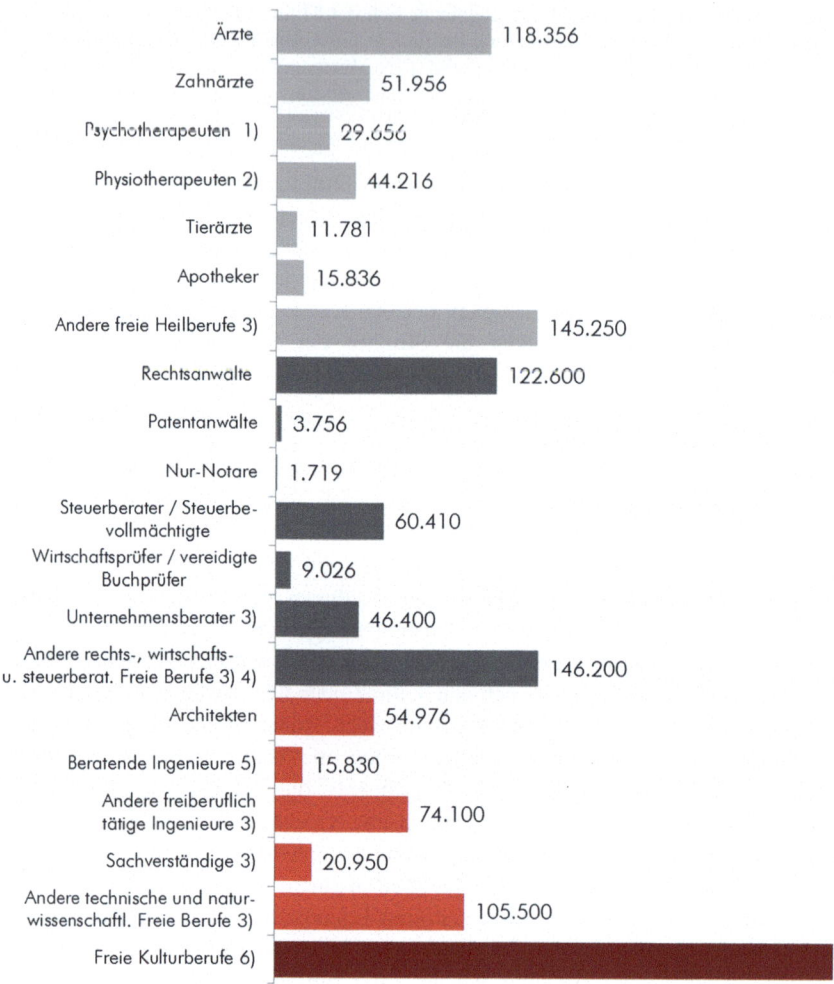

Abb. 3.2 Struktur der Selbstständigen in Freien Berufen in Deutschland am 01.01.2018 (IFB 2018)

- die Heilberufe: Ärzte, Zahnärzte, Tierärzte, Heilpraktiker, Dentisten, Krankengymnasten;
- rechts-, steuer- und wirtschaftsberatende Berufe: Rechtsanwälte, Notare, Patentanwälte, Wirtschaftsprüfer, Steuerberater, beratende Volks- und Betriebswirte, vereidigte Buchprüfer (vereidigte Bücherrevisoren), Steuerbevollmächtigte;
- die naturwissenschaftlich-technischen Berufe wie (Vermessungs-)Ingenieure, Architekten, Handelschemiker und Lotsen;
- die informationsvermittelnden Berufe: Journalisten, Bildberichterstatter, Dolmetscher, Übersetzer.

3.2.5.3 Analogberufe

Die Rechtsprechung hat dazu geführt, dass bestimmte Berufe als den Katalogberufen ähnliche Berufe angeführt werden. Hierzu muss der ähnliche Beruf Wesensmerkmale des konkreten Katalogberufs nahezu vollständig enthalten. Den Katalogberufen ähnliche Berufe sind z. B. Beschäftigungs- und Ausdruckstherapeuten, die den Heilberufen ähnlich sind (Rothfischer und Oberländer 2004, S. 137).

3.2.6 Scheinselbstständigkeit

Außerdem muss geklärt werden, ob es sich bei der ausgeübten Tätigkeit um eine arbeitnehmerähnliche Aufgabenbewältigung, also eine sogenannte Scheinselbstständigkeit handelt. Die ist dann gegeben, wenn es sich um „eine Tätigkeit nach Weisungen und eine Eingliederung in die Arbeitsorganisation des Weisungsgebers" (§ 7 (1) SGB IV) handelt. Folgende Merkmale sind Anhaltspunkte für eine Scheinselbstständigkeit:

- Das Unternehmen besitzt kein Firmenschild oder keine eigenen Geschäftsräume.
- Das Unternehmen hat kein eigenes Briefpapier oder eigene Visitenkarten.
- Der Unternehmer tritt in der Arbeitskleidung des Auftraggebers auf.
- Der Auftraggeber hat Beschäftigte, die dieselben Tätigkeiten verrichten wie der Selbstständige.
- Der Selbstständige hat Tätigkeit beim Auftraggeber zuvor als dessen Arbeitnehmer verrichtet. (IHK Frankfurt am Main. Dok. Nr. 4268)

3.2.7 Was spricht für eine freiberufliche Tätigkeit?

Für viele Existenz- und Unternehmensgründer ist es erstrebenswert, einem freien Beruf zugeordnet zu werden, da die freien Berufe z. B. von der Gewerbesteuer befreit sind. Ergänzend haben sie bei der Gewinnermittlung ein Wahlrecht zwischen der Bilanzierung, dem Bestandsvergleich und der Einnahmeüberschussrechnung. Für einige freie Berufe ist eine Befreiung von der Umsatzsteuer möglich.

Befreit sind beispielsweise die Umsätze aus der Tätigkeit „als Arzt, Zahnarzt, Heilpraktiker, Krankengymnast, Hebamme oder aus einer ähnlichen heilberuflichen Tätigkeit [...] und aus der Tätigkeit als klinischer Chemiker" (§ 4 Nr. 14 UstG) wie auch:

> „Die Vorträge, Kurse und anderen Veranstaltungen wissenschaftlicher oder belehrender Art, die von juristischen Personen des öffentlichen Rechts, von Verwaltungs- und Wirtschaftsakademien, von Volkshochschulen oder von Einrichtungen, die gemeinnützigen Zwecken oder dem Zweck eines Berufsverbandes dienen, durchgeführt werden, wenn die Einnahmen überwiegend zur Deckung der Unkosten verwendet werden" [§ 4 Nr. 22 a UstG, ...] „die Gewährung von Beherbergung, Beköstigung und der üblichen Naturalleistungen durch Personen und Einrichtungen, wenn sie überwiegend Jugendliche für Erziehungs-, Ausbildungs- oder Fortbildungszwecke oder für Zwecke der Säuglingspflege bei sich aufnehmen, soweit die Leistungen an die Jugendlichen oder an die bei ihrer Erziehung, Ausbildung, Fortbildung oder Pflege tätigen Personen ausgeführt werden." (§ 4 Nr. 23 UStG).

Weiterhin sind Leistungen der Jugendhilfe und die Inobhutnahme nach § 42 des Achten Sozialgesetzbuches von der Umsatzsteuer befreit, „wenn diese Leistungen von Trägern der öffentlichen Jugendhilfe oder anderen Einrichtungen mit sozialem Charakter erbracht werden" (§ 4 Nr. 25 UStG). Steuerfrei sind auch „die Durchführung von kulturellen und sportlichen Veranstaltungen, wenn die Darbietungen von den von der Jugendhilfe begünstigten Personen selbst erbracht oder die Einnahmen überwiegend zur Deckung der Kosten verwendet werden" (§ 4 Nr. 25 UStG) und ehrenamtliche Tätigkeiten, die für juristische Personen des öffentlichen Rechts ausgeübt werden oder deren Entgelt lediglich in einem Auslagenersatz und einer angemessenen Entschädigung besteht (§ 4 Nr. 26 UStG).

3.2 Felder der Existenz- und Unternehmensgründung ...

Selbständige/r Freiberufler/-in
"Sind Sie selbstständige/-r Freiberufler/-in?"
Bei der Antwort auf die Frage, ob Sie selbstständige Freiberuflerin oder selbstständiger Freiberufler sind, kann Ihnen der folgende Test als erste Orientierung dienen.

Sind Sie selbstständig oder scheinselbstständig?
Wenn Sie die Fragen 1, 2 und 3 mit „Ja" sowie 4 und 5 mit „Nein" beantworten, können Sie in der Regel davon ausgehen, dass es sich bei Ihnen um eine selbstständige Tätigkeit handelt.

1. Sind Sie rechtlich (durch die Rechtsform) und wirtschaftlich (z. B. durch das unternehmerische Risiko) selbstständig?
Ja ☐
Nein ☐

2. Erfüllen Sie Ihre Aufgaben unabhängig von Weisungen?
Ja ☐
Nein ☐

3. Tragen Sie das unternehmerische Risiko und die Kosten der Arbeitsausführung?
Ja ☐
Nein ☐

4. Ist Ihre Arbeitszeit nach Dauer, Beginn und Ende durch den Auftraggeber bindend festgelegt?
Ja ☐
Nein ☐

5. Sind Sie unmittelbar in den Arbeitsablauf und die Organisation von Auftraggebern integriert?
Ja ☐
Nein ☐

Erfüllen Sie die Voraussetzungen für eine freiberufliche Tätigkeit?
Wenn Sie die Fragen 6–13 mit „Ja" beantworten, können Sie in der Regel davon ausgehen, dass Sie die rechtlichen bzw. die besonderen beruflichen Vorgaben für eine freiberufliche Tätigkeit erfüllen.

6. Haben Sie für Ihre Tätigkeit eine besondere berufliche Qualifikation?
Ja ☐
Nein ☐

7. Erbringen Sie geistige, schöpferische oder ideelle Leistungen (z. B. statische Berechnungen, Schreiben von Büchern oder Heilen von Kranken)?
Ja ☐
Nein ☐

8. Setzen Ihre Kunden oder Auftraggeber ein besonderes Vertrauen in Sie und Ihre Leistungen (wie etwa Patienten in ihren Arzt oder Klienten in ihren Rechtsanwalt)?
Ja ☐
Nein ☐

9. Können sich Ihre Kunden oder Auftraggeber frei für Ihre Leistung entscheiden?
Ja ☐
Nein ☐

10. Erbringen Sie Ihre Leistungen persönlich (und lassen Ihre Tätigkeiten nicht von Ihren Mitarbeitern erledigen)?
Ja ☐
Nein ☐

11. Haben Sie in Ihrem Unternehmen das Sagen?
Ja ☐
Nein ☐

12. Treffen Sie fachliche Entscheidungen frei und unabhängig?
Ja ☐
Nein ☐

Gehört Ihr Beruf zu den freien Berufen?
Gehört Ihre Tätigkeit zu den Katalogberufen?
Zu Katalogberufen gehören in der Regel zunächst diejenigen, die in § 18 des Einkommensteuergesetzes aufgezählt sind. Dazu kommen zusätzlich die im Partnerschaftsgesellschaftsgesetz (PartGG) genannten vier (selbstständig ausgeübten) Berufsbilder. Überprüfen Sie, ob Ihr Beruf hierzu zählt.
Wenn nicht: Gehört Ihr Beruf zu den ähnlichen Berufen?
Ähnliche Berufe sind diejenigen, die den Katalogberufen ähnlich sind: Ausbildungen und berufliche Tätigkeit müssen vergleichbar sein. Überprüfen Sie, ob Ihr Beruf hierzu zählt.
Wenn nicht: Gehört Ihr Beruf zu den Tätigkeitsberufen?

> Die Tätigkeitsberufe zeigen die typischen Merkmale einer freiberuflichen Tätigkeit.
> Wenn Sie eine der Fragen 13–17 mit „Ja" beantworten, können Sie in der Regel davon ausgehen, dass Sie einen der Tätigkeitsberufe ausüben.
>
> 13. Sind Sie wissenschaftlich tätig?
> Ja ☐
> Nein ☐
>
> 14. Sind Sie künstlerisch tätig?
> Ja ☐
> Nein ☐
>
> 15. Sind Sie schriftstellerisch tätig?
> Ja ☐
> Nein ☐
>
> 16. Sind Sie unterrichtend tätig?
> Ja ☐
> Nein ☐
>
> 7. Sind Sie erzieherisch tätig?
> Ja ☐
> Nein ☐
>
> Wenn keins davon zutrifft, handelt es sich bei Ihrer Tätigkeit um ein Gewerbe.
>
> Achtung: Im Einzelfall können bei Katalogberufen, ähnlichen Berufen und Tätigkeitsberufen Abweichungen und Ausnahmen von der Freiberuflichkeit auftreten. Die endgültige Entscheidung, ob eine Tätigkeit freiberuflich oder gewerblich ist, trifft letztendlich das Finanzamt oder ein Gericht (BMWi 2019, GründerZeiten 17, S. 5).

Neben den insbesondere im Bereich der Pflege anzutreffenden klassischen Existenz- und Unternehmensgründungen in Form von gewinnorientierten Unternehmen gibt es in der Sozialwirtschaft aber auch die Möglichkeit, nicht gewinnorientierte gemeinnützige Einrichtungen zu gründen. So entsteht in jüngster Zeit eine Vielzahl von neuen gemeinnützigen sozialen Unternehmen unter dem Dach der Spitzenverbände, die sich – als Verein, gGmbH oder gar als AG organisiert – neuen Herausforderungen stellen. Begünstigt wird dieser Trend dadurch, dass in der Sozialwirtschaft Marktmechanismen verankert wurden, so z. B. durch die Einführung von Leistungsentgelten und privatrechtlicher Leistungsverträge, aber auch durch Ausschreibungsverfahren für Leistungen.

Das Steuerungsmedium Geld hat in der Sozialwirtschaft zunehmend das Medium Recht abgelöst und neue Einrichtungen haben eine Chance, sich zu behaupten, wenn sie kostengünstiger arbeiten als die etablierten Träger. Mögliche Arbeitsfelder für neue, nicht gewinnorientierte Unternehmen bieten sich in fast allen Bereichen der Sozialwirtschaft an, so in

- der Kranken- und Altenhilfe (betreutes alten- und behindertengerechtes Wohnen),
- Begegnungsstätten, ambulante und stationäre Kranken- und Altenpflege (Sozialstationen, Tages- und Kurzzeitpflege, Mobilitätshilfen, Prophylaxen, Behandlungspflege, Soziale Betreuung, Nachtpflegestationen und Vollzeitpflege),
- der Behindertenhilfe (Wohnheime und Wohnstätten, Werkstätten, Therapie und Beratungszentren, behindertengerechte Gestaltung von Wohnraum in Privathaushalten),
- beim Aufbau von Kindergärten/-tagesstätten,
- bei Rettungsdiensten, Arbeitslosenzentren, Heimen für Obdachlose, selbstverwalteten Wohnprojekten, Werk- und Ausbildungsstätten für Arbeitslose und Sozialhilfeempfänger oder
- bei der Einrichtung von Gebrauchtkaufhäusern etc.

Die nichtgewinnorientierten Unternehmensgründer lassen sich als Geschäftsführer von den von ihnen gegründeten gemeinnützigen Vereinen oder gGmbHs anstellen. Da die Quelle des Lebensunterhalts nicht der Unternehmerlohn, sondern die Vergütung als Mitarbeiter des Vereins oder der GmbH ist, haben wir es nicht mit selbstständigen Tätigkeiten zu tun. Es handelt sich um eine Angestelltentätigkeit, doch ist z. B. das Tagesgeschäft geschäftsführender Gesellschafter gemeinnütziger GmbHs mit der Tätigkeit eines selbstständigen Unternehmers vergleichbar, da sie sich, wenn sie alleinige Gesellschafter der gGmbH sind, nicht in einem Abhängigkeitsverhältnis befinden.

Ganz anders ist die Situation der Geschäftsführer von eingetragenen Vereinen. Da für eine Vereinsgründung mindestens sieben Personen benötigt werden, ist der angestellte Geschäftsführer von einer Gruppe abhängig, die ihre Entscheidungen in den Vereinsorganen der Mitgliederversammlung und dem Vorstand fällt.

3.3 Resümee

Um Kosten einzusparen, werden von öffentlichen Trägern Einrichtungen outgesourct, z. B. durch die Gründung von Eigengesellschaften, Kooperationen mit privaten Trägern im Sinne einer Public-private-Partnership, Vergabe von Aufträgen an Private oder die Privatisierung von Einrichtungen.

Dieser Trend ist nicht nur bei öffentlichen, sondern auch bei den großen freien Trägern sozialer Arbeit zu beobachten, deren Risiken im Zuge von Veränderungen der Finanzierungsinstrumente zugenommen haben. In der Folge werden auch von freien Trägern risikobehaftete Bereiche eingestellt oder z. B. in Form von gGmbHs ausgegründet, da der mögliche Konkurs einer mit Risiken behafteten ausgegründeten gGmbH andere Unternehmensteile nicht gefährdet. Weiterhin konzentrieren sich immer mehr Einrichtungen auf ihr Kernangebot und eine Kernmannschaft von Festangestellten, zusätzliche Dienstleistungen werden dann bei Honorarkräften eingekauft.

Das Steuerungsmedium Geld wird zum Schlüssel und konstituiert einen neuen Rahmen für Existenz- und Unternehmensgründungen, sowohl für das nichtgewinnorientierte Entrepreneurship – es entstehen neue kleine Träger, die allerdings aufgrund der nach wie vor bestehenden rechtlichen Bestimmungen in der Regel gemeinnützig sein müssen und als Idealverein oder zunehmend als gGmbH entstehen – als auch für gewinnorientierte Existenz- und Unternehmensgründungen, die sich allerdings im Rahmen der historisch gewachsenen Strukturen der Sozialwirtschaft behaupten müssen. Es ergeben sich neue Chancen, wenn etablierte Strukturen in Schwingung geraten. Diese Chancen gilt es zu erkennen und tatkräftig zu ergreifen.

Literatur

Bennrath, B. (2013). Pfleger profitieren vom Fachkräftemangel, Immer mehr hoch qualifizierte Pfleger arbeiten auf Honorarbasis. *Frankfurter Allgemeine Zeitung*, 4. Januar 2013, S. 13.

Bundesministerium für Wirtschaft und Energie [BMWi] (2017). *GründerZeiten 22, Existenz- und Unternehmensgründungen im sozialen Bereich.* https://www.bmwi.de/Redaktion/DE/Publikationen/Gruenderzeiten/infoletter-gruenderzeiten-nr-22-existensgruendung-im-sozialen-bereich.pdf?__blob=publicationFile&v=3. Zugegriffen: 26. Juni 2018.

Bundesministerium für Wirtschaft und Energie [BMWi] (2019). *GründerZeiten 17 Existenzgründungen durch freie Berufe.* https://www.bmwi.de/Redaktion/DE/Publikationen/Gruenderzeiten/infoletter-gruenderzeiten-nr-17-existenzgruendung-durch-freie-berufe.pdf?__blob=publicationFile&v=53. Zugegriffen: 6. August 2019.

Eltern-AG (Hrsg.) (o. J.). *ELTERN-AG – Das Empowerment-Programm.* https://www.eltern-ag.de/elternag/programm/konzept. Zugegriffen: 26. Juni 2018.

Existenzgründungsportal (2018). *Gesundheitswirtschaft – Die Chance für Existenzgründer/-innen.* http://www.gruendung-online.de/component/content/article.html?id=42:gesundheitsbranche. Zugegriffen: 30. Mai 2018.

Industrie und Handelskammer [IHK] Frankfurt am Main (o. J.). *Scheinselbstständigkeit.* www.frankfurt-main.ihk.de/recht/themen/arbeitsrecht/scheinselbstaendigkeit. Zugegriffen: 19. Juli 2018.

Institut für freie Berufe Nürnberg [IFB] (2018). *Struktur der Selbstständigen in Freien Berufen in Deutschland zum 1.1.2018.* http://ifb.uni-erlangen.de/wp-content/uploads/Selbststaendige_Struktur_17.pdf. Zugegriffen: 19. Februar 2019.

Otte, M., & Wenzler, M. (2001). Privatisierung öffentlicher Dienstleistungen als Innovationschance. In H. Barske (Hrsg.), *Das innovative Unternehmen – Produkte, Prozesse, Dienstleistungen.* Lose Blattsammlung/Sektion 07, Neue Dienstleistungen, Beitrag 04. Düsseldorf: Gabler.

Pfeiffer, H. (2012). Steuergeschenke für Banken. Alleingang der Abteilungsleiter. *taz,* 03. Mai 2012. http://www.taz.de/Archiv-Suche/!5094798&s=/. Zugegriffen: 11. Juli 2018.

Rothfischer, D., & Oberländer, W. et al. (2004). *Ich mache mich selbstständig im sozialen Bereich. Von der Idee und Marktchance bis zur Finanzierung.* 2. Auflage. Weinheim/Basel: Beltz.

Selbstständigkeit step by step

4

> **Zusammenfassung**
>
> Die Gründung einer selbstständigen Existenz oder eines Unternehmens in der Sozialwirtschaft läuft in mehreren Schritten ab. Als Erstes sind die persönlichen Voraussetzungen zu klären: Passen die persönlichen Voraussetzungen – Dispositionen, Qualifikationen, Rahmenbedingungen – zu dem Vorhaben? Ist die Motivation stark genug? Stimmen diese Voraussetzungen, gilt es im zweiten Schritt, eine gute Konzeption zu erstellen, in die eine Konkurrenzanalyse integriert ist und die flexibel an sich ändernde Parameter angepasst werden kann. Der dritte Planungsschritt betrifft die Finanzierung: Wie sieht der Kosten- und Umsatzplan im skizzierten Unternehmen aus? Welchen Kapitalbedarf hat das Unternehmen in der Startphase und wie wird das finanziert? Schließlich ist noch die richtige Unternehmensform zu finden, wobei vor allem steuerrechtliche und versicherungstechnische Aspekte zu berücksichtigen sind.

> **Lernziele**
>
> Gründer stehen vor einer Vielzahl von Fragen, die zu klären sind, vor verschiedenen Aufgaben und Entscheidungen, die jedoch nicht alle parallel bearbeitet werden müssen. Wichtig ist vielmehr ein strukturiertes Vorgehen. Im Folgenden werden im Überblick die wichtigsten Schritte eines Existenz- und Unternehmensgründungsvorhabens im Überblick vorgestellt, die in den folgenden Kapiteln dann ausführlich behandelt werden. Die Aufteilung in vier Planungsschritte hilft Ihnen dabei, arbeitsökonomisch vorzugehen und alles Wichtige im Blick zu behalten.

4.1 Erster Schritt: Klärung der persönlichen Voraussetzungen

Nur wenige Menschen sind bereit, Verantwortung für die Gründung und Führung eines Unternehmens und die damit verbundenen Risiken zu tragen. Wenn Sie sich mit dem Gedanken befassen, sich selbstständig zu machen, sollten Sie in einem ersten Schritt Ihre persönlichen Dispositionen und Voraussetzungen klären sowie Ihre Qualifikationen und persönlichen Rahmenbedingungen reflektieren. Am wichtigsten für eine erfolgreiche Existenz- und Unternehmensgründung ist die Bereitschaft und Fähigkeit, kritisch diese persönlichen Voraussetzungen zu reflektieren. Dieses Buch liefert hierzu in Kap. 5 Hilfestellung in Form von Fragen und Checklisten.

Mittlerweile hat sich ein unüberschaubares Angebot an seriösen und unseriösen Seminar-, Motivations- und Trainingsangeboten für potenzielle Existenz- und Unternehmensgründer etabliert. Seriöse Angebote unterscheiden sich von unseriösen dadurch, dass sie Hilfestellungen bieten, die eigenen Stärken oder Schwächen zu erkennen. Ein seriöses Angebot eruiert, welche Fähigkeiten der Gründer hat und welche ihm noch fehlen.

Viele unseriöse Motivationstrainer versuchen dagegen, Menschen in eine Art Rausch zu versetzen, und gaukeln ihnen vor, dass alle notwendigen Fähigkeiten entweder schon vorhanden sind bzw. durch ein kurzes Motivationstraining zu erhalten seien. „Ihre Kernbotschaft ist denkbar schlicht: ‚Glaube an dich und alles ist möglich'" (Gestmann 2000). Doch diese Motivationsgurus liefern lediglich einen kurzfristigen Motivationsschub. „Die Veranstaltungen sind für mich wie eine Droge", berichtete ein Teilnehmer, „ich fühle mich high. Das hält eine Weile und dann flacht es wieder ab. Um wieder einen Kick zu bekommen, gehe ich zum nächsten Erfolgstag" (Gestmann 2000). Motivation ohne die Erkenntnis sowohl der eigenen Fähigkeiten als auch Schwächen und ohne die Weiterentwicklung von Wissen und Kenntnissen geht ins Leere, was wieder zu Frustrationen führt. Im schlimmsten Fall wird unseriöse Motivation zur Sucht und erzeugt Selbstüberschätzung oder führt Menschen in den finanziellen Ruin.

„Wie wird man eigentlich zur Unternehmernatur? Ist das angeboren? Kann man das erlernen? Woran merkt man, dass man mit der Entscheidung zur Selbstständigkeit auf dem richtigen Weg ist? ‚Es muss ein Feuer brennen, die Idee muss einen erfüllen und glücklich machen. Nur dann ist man auch bereit, Durststrecken zu ertragen. Wichtig ist, sich selbst zu prüfen', meint Engel-Dahan. Diese und andere Erfahrungen gibt sie auch in ihrer Funktion als Vorbild-Unternehmerin der Initiative *Frauen unternehmen* weiter. Gerade Frauen seien bei Entscheidungen oft ängstlicher als Männer und haben, so ihre Beobachtung, weniger Selbstvertrauen. Was sie vermitteln möchte: ‚Stellt Euer Licht nicht unter den Scheffel, glaubt an Euer Wissen und Eure Fähigkeiten. Und was für alle jungen Unternehmer gilt: Keine Angst vor Unerfahrenheit – gerade sie führt oft zu besonders innovativen Lösungen.' Wenn sie selbst vor großen Entscheidungen steht oder über Projekte nachdenkt, geht sie am liebsten hinaus in den Wald, zusammen mit ihrem Hund. „In der Natur finde ich den Abstand und die Ruhe, um auf mich und meine Intuition zu hören, um neue Ideen zu entwickeln und mir Ziele zu setzen."" (RKW 2017, S. 19).

4.2 Zweiter Schritt: die Konzeption

Entscheidend für eine erfolgreiche Existenz- und Unternehmensgründung sind neben den persönlichen Voraussetzungen die Qualität der Unternehmenskonzeption sowie die Bereitschaft, diese ständig zu optimieren. Die Geschäftsidee sollte sich, gemäß dem Motto „der Wurm muss dem Fisch und nicht dem Angler schmecken", am Bedarf des Kunden orientieren und diesem einen Nutzen versprechen. Existenz- und Unternehmensgründer sollten sich also nicht in Methoden oder Probleme verstricken, für die es im betriebswirtschaftlichen Sinn keinen Markt gibt, sondern die Kundenbedürfnisse, aber auch die Konkurrenzsituationen eruieren, um dann den richtigen Weg in die Selbstständigkeit zu finden:

- Neugründung,
- Beteiligung,
- Lizenzen,
- Franchising,
- Übernehmen eines bestehenden Betriebs (mehr dazu in Kap. 6).

4.3 Dritter Schritt: die Finanzierung

Die meisten Gründungen scheitern neben mangelnden Aufträgen an Engpässen bei der Finanzierung. Hierzu gehören die Kalkulation (Kapitalbedarf) in der Gründungs- und Startphase sowie die Eruierung der Finanzierungsquellen (Eigenkapital, private Kredite, Fremdfinanzierung, Kreditfinanzierung, Förderprogramme des Bundes, der Länder und der EU). Am Ende des Finanzplans stehen die Verdienstkalkulation und die Frage, ob sich der Aufwand letztlich lohnt:

- Kostenplanung,
- Kalkulation einer Leistungsstunde,
- Umsatzplanung,
- Rentabilitätsplanung,
- Liquiditätsplanung,
- Kapitalbedarfsplanung,

- Eigenfinanzierung,
- Fremdfinanzierung (Kredite, Bürgschaften, öffentliche Finanzierungsquellen),
- Finanzierungsplan.

4.4 Vierter Schritt: das Unternehmen

Ist das Unternehmen durchfinanziert, so muss die Frage der Unternehmensform geklärt werden. Es geht um die Wahl der Rechtsform des Unternehmens vor dem Hintergrund des Haftungsrisikos und steuerrechtlicher Rahmenbedingungen (mehr dazu in Kap. 8). Hiervon sind formale Dinge wie Nachweise, Zulassungen und Genehmigungen abhängig, die ebenso wie die steuerrechtliche und versicherungstechnische Ebene zu berücksichtigen sind.

Dieses Buch gibt Ihnen Hilfestellungen bei der Klärung dieser Schritte. Hierzu werden

- in Kap. 5 Qualifikationen, Fähigkeiten und Anforderungen an die Existenz- und Unternehmensgründer problematisiert, um typische Gründungsfehler zu vermeiden sowie
- in Kap. 6 Anregungen für die Erstellung von Gründungskonzepten gegeben.

Des Weiteren werden in Kap. 7 kaufmännische und in Kap. 8 rechtliche Fragen behandelt. Hierzu gehören insbesondere die Finanzierungsaspekte und die Wahl der Unternehmensform.

Sie erhalten Hilfestellungen bei der Erstellung der Kosten- und Kapitalbedarfsplanung und Informationen über Finanzierungsquellen und Möglichkeiten. Hierzu gehören auf der Bundesebene öffentliche Fördermöglichkeiten, wie „ERP"-Darlehen sowie Eigenkapital- und Liquiditätshilfen durch die Deutsche Ausgleichsbank wie auch die Kreditanstalt für Wiederaufbau oder Überbrückungsgelder für Arbeitslose der Bundesanstalt für Arbeit. Nur durch eine gute Finanzierung ist eine Existenz- und Unternehmensgründungsidee auch umsetzbar. Leider scheitern immer noch die meisten Existenz- und Unternehmensgründer an Finanzierungsfehlern.

Nicht zuletzt ist auch die Wahl der geeigneten Unternehmensform von Bedeutung, denn die Wahl der falschen Rechtsform kann bei risikoreichen Geschäften leicht zur Existenzvernichtung führen. Die Rechtsform kann immer wieder neu geregelt werden und sollte der Unternehmensgröße angepasst werden (siehe Kap. 7).

Um alle wichtigen Komponenten, die bei einer Existenz- und Unternehmensgründung zum Tragen kommen, zusammenzufassen, wird im folgenden Schaubild die Ablaufplanung skizziert (Abb. 4.1).

4.4 Vierter Schritt: das Unternehmen

Ablaufplanung einer Existenz- und Unternehmensgründung

Persönliche Voraussetzungen klären

⇓

Unternehmensidee

⇓

Umfeldanalyse

⇓

Konzeption

⇓

Kosten- und Umsatzplan

⇓

Kapitalbedarfsplan

⇓

Finanzierung überprüfen, Fazit rentabel: ja/nein

Wenn Ja

⇓

Konzeptplan vollständig ausarbeiten (inklusive Finanzierungsplan)

⇓

Vorstellung bei Banken und Fördergebern

⇓

Finanzierung möglich: ja/nein

Wenn Ja

⇓

Unternehmensform wählen

⇓

Gründung

Abb. 4.1 Aufbauplan einer Existenz- und Unternehmensgründung. (Eigene Darstellung)

Literatur

Gestmann, M. (2000). Der Power-Tag als Droge und Werbespektakel, Quasi-religiöse Verheißungen und geschicktes Marketing sind das Erfolgsgeheimnis der umstrittenen Motivationstrainer. *Süddeutsche Zeitung* (05.08.2000), Bildung und Beruf, S. V101.

RKW (2017). #mehrMut. RKW Magazin 3/2017. S. 16–19. https://www.rkw-kompetenzzentrum.de/publikationen/rkw-magazin/2017/rkw-magazin-mehrmut/. Zugegriffen: 30. Mai 2018.

Persönliche Anforderungen 5

Zusammenfassung

Es gibt so etwas wie eine Unternehmerpersönlichkeit. Sie setzt sich aus einer ganzen Reihe von Persönlichkeitsmerkmalen und Kompetenzen zusammen, die ein erfolgreiches Unternehmertum begünstigen: Extraversion, Fleiß und Genauigkeit, Offenheit für Neues, psychische Stabilität, Durchsetzungsvermögen, jedoch auch die Fähigkeit zur kritischen Selbstreflexion und Selbstregulation. Risikobereitschaft und die Fähigkeit, Entscheidungen zu treffen, sind ebenso wichtig wie Kommunikationsvermögen und die Fähigkeit, sich und andere zu begeistern. Ein gutes berufliches Netzwerk und ein tragfähiges persönliches Umfeld sind gute Voraussetzungen für eine Unternehmensgründung. Eine umfassende Checkliste dient den Lesern zur Erstellung eines persönlichen Stärken-Schwächen-Profils.

Lernziele

Es ist unbedingt notwendig, sich vor einer Gründung mit den eigenen Wünschen, Stärken und Schwächen auseinanderzusetzen. Mithilfe einer Checkliste können Rezipienten hier ihre individuelle Motivation und ihre persönliche Kompetenz für ein Existenz- oder Unternehmensgründungsvorhaben überprüfen.

5.1 Persönliche Merkmale („Tu nur, was du kannst")

Zwar wird man nicht als Unternehmer geboren, doch gibt es Persönlichkeitseigenschaften, die äußerst nützlich für ein erfolgreiches Unternehmertum sind:

„Psychologen der Universität Jena haben in einem vierjährigen Forschungsprojekt 139 Firmenchefs und Spitzenmanager befragt. Deren ‚Erfolg' maßen sie zum einen an der eigenen subjektiven Einschätzung sowie an den objektiven Umsatzentwicklungen". „Ein erfolgreicher Unternehmer besitzt danach in hohem Maße folgende Charaktereigenschaften: Er ist extravertiert, enorm fleißig und akkurat, macht sich keine überflüssigen Sorgen, ist psychisch stabil. Seinen Mitmenschen fällt er zwar nicht unbedingt durch Altruismus und Sozialdenken auf, besitzt aber ein hohes Maß an intellektueller Offenheit und somit eine enorme Neugierde und Kreativität." (idw 2001).

Wichtige Faktoren sind das Streben nach Unabhängigkeit, gesunder Menschenverstand und die Fähigkeit zur Selbstmotivation, d. h. eine positive Einstellung sich selbst gegenüber, gepaart mit einem Vertrauen in die eigenen Fähigkeiten und Möglichkeiten sowie einem Glauben an sich selbst: Wer glaubt, dass er es kann, kann es dann oftmals auch! Unabdingbar sind körperliche und geistige Fitness, psychische- und Stressstabilität sowie ein gutes Stressmanagement. Weitere wichtige Fähigkeiten sind Kreativität, die Fähigkeit, neue Ideen und Visionen zu entwickeln, und die Fähigkeit, mit Unsicherheit zu leben.

Die wichtigste Fähigkeit eines Unternehmers ist aber die der Selbstregulation. D. h., dass ein guter Unternehmer in der Lage ist, sich von außen zu betrachten und zu fragen, über welche Eigenschaften er verfügt, welche ihm fehlen und wie er dies kompensieren könnte. Er kann die eigenen Stärken und Schwächen analysieren und den Erfolg der eigenen Handlungsstrategien einschätzen.

5.2 Leistungswille/Lernbereitschaft („Lieber gesund schuften, als krank arbeiten")

Die Selbstständigkeit ist mit nicht unerheblichen wirtschaftlichen Risiken und starken Anforderungen an die individuelle Leistungskraft und Leistungsbereitschaft verbunden, die bis weit in den familiären Bereich hineinreichen. Während Existenz- und Unternehmensgründer im erwerbswirtschaftlichen Bereich auf ein höheres Einkommen im Vergleich zu abhängig Beschäftigten hoffen, ist dies in der Sozialwirtschaft selten der Fall. In der Sozialwirtschaft haben es Selbstständige oft mit Kunden zu tun, die finanziell schwach sind, und mit Ämtern, deren Etats von Kürzungen bedroht sind.[1]

Doch auch in der Sozialwirtschaft müssen Existenz- und Unternehmensgründer ein überdurchschnittliches Engagement aufweisen. Hierzu gehört die Fähigkeit, systematisch zu arbeiten, aber auch ein ausgeprägter Fleiß, d. h. die Fähigkeit, über längere Zeit ein hohes Arbeitspensum zu bewältigen und auf Freizeit zu verzichten. Eine 35-h-Woche ist in der Regel nicht ausreichend. Jeder Existenz- und Unternehmensgründer freut sich über akquirierte Aufträge, aber die Aufträge müssen auch erledigt werden. Oftmals können gerade am Anfang noch keine Mitarbeiter eingestellt werden und so hat der Existenz- und Unternehmensgründer meist keinen freien Tag in der Woche.

Obwohl Selbstständige mehr arbeiten als Angestellte, sind sie nicht häufiger krank. Das liegt einerseits daran, dass sie sich Krankheiten schlichtweg nicht leisten können, da auch bei einem zeitlich begrenzten Ausfall die Existenz auf dem Spiel steht. Andererseits sind Existenz- und Unternehmensgründer in der Regel aber auch zufriedener, denn Belastungen wie Intrigen und Mobbing, die ja in vielen abgesicherten Arbeitsfeldern gedeihen und zu psychosomatischen Erkrankungen führen, erlebt ein Selbstständiger in der Regel nicht, bzw. er arbeitet nicht in so einem geschlossenen, intrigenanfälligen System.

5.3 Risikobereitschaft und optimistischer Realismus („Mut ist Mangel an Fantasie")

Erfolgreiche Existenz- und Unternehmensgründer verlassen sich auf die eigenen Kräfte. Sie suchen die Ursache für den Erfolg oder Misserfolg bei sich selbst und nicht in der Umwelt. Sie haben eine höhere Leistungsmotivation als Angestellte. Bei ihnen überwiegt die Hoffnung auf Erfolg und nicht die Furcht vor Misserfolg. Sie lassen sich von der realistischen Einschätzung ihrer Erfolgschancen leiten und gehen eine Bereitschaft zum wohlkalkulierten Risiko ein. Im Gegensatz hierzu sind Spielertypen, die hohe Risiken eingehen, keine guten Unternehmer, denn gemäß dem Motto „Mut ist Mangel an Fantasie", führt eine zu hohe Risikobereitschaft schnell in die Pleite. Aber auch Zögerer haben wenig Chancen. Erfolg ist das gute Mittelmaß: Man braucht einen optimistischen Realismus, aber keinen naiven Optimismus.

---

[1]So sollten die Stundensätze in der Sozialwirtschaft zwischen ca. 33,50 € (Berufsbetreuer) und 100 € (Supervision, Beratungstätigkeiten) liegen, doch oftmals müssen sich Selbstständige mit niedrigeren Sätzen begnügen.

5.4 Kommunikationsfähigkeit/Entscheidungsfreude („Glühen in den Augen")

Wichtige Persönlichkeitsmerkmale für einen erfolgreichen Existenz- und Unternehmensgründer sind ein starker Wille und Begeisterungsfähigkeit. Jeder Existenz- und Unternehmensgründer muss von der Idee, die er vertritt, überzeugt sein und braucht ein „Glühen in den Augen". Denn wenn er nicht zu 100 % hinter seiner Idee steht, bekommt er weder Kunden noch Kredite. Gemäß dem Sprichwort „Wer nicht lächeln kann, sollte kein Geschäft eröffnen", sind soziale und kommunikative Kompetenzen von entscheidender Bedeutung, wie auch die Fähigkeit, andere anzustoßen und mitzureißen. Der Existenz- und Unternehmensgründer sollte verlässlich, gleichzeitig aber auch flexibel und spontan sein.

5.5 Organisationstalent/Durchsetzungsvermögen („Mit dem Kopf durch die Wand")

Ein Unternehmer sollte über Organisations- und Improvisationstalent sowie über die Fähigkeit verfügen, Probleme auch auf der Basis unzureichender Informationen lösen zu können. Wichtig sind dabei auch das richtige Auftreten, Durchsetzungsfähigkeit und Überzeugungskraft. Hierzu gehört der Wille, sich mit anderen zu messen, gehören Selbstsicherheit und Verhandlungsgeschick, d. h. die Fähigkeit, sich in zähen Verhandlungen beharrlich durchzusetzen. Allerdings sollte man auch hier das richtige Maß beachten: Denn wer mit dem Kopf durch die Wand will, sollte sich nicht wundern, wenn er in der Nachbarzelle landet.[2]

5.6 Fachkenntnisse/Managementkenntnisse („Dem Tüchtigen gehört die Welt")

Systemisch betrachtet muss die Komplexität eines problembewältigenden Systems höher sein als die der zu bewältigenden Aufgabe: Gegen ein gutes Fußballteam, zum Beispiel, kann wiederum nur ein noch besseres gewinnen. Bezogen auf den Existenz- und Unternehmensgründer heißt dies, dass neben der Persönlichkeit auch die Fach- und Managementkenntnisse auf dem Hintergrund der Aufgabenstellung überprüft werden sollten. Jeder Existenz- und Unternehmensgründer sollte über

---

[2]Frei nach Stanisław Jerzy Lec: „Nun bist du mit dem Kopf durch die Wand. Und was wirst du in der Nachbarzelle tun?".

5.7 Persönliches Umfeld …

Berufserfahrung, einschlägige Fachkenntnisse und -kompetenzen verfügen. Er sollte in seiner Branche einen guten Namen haben und über gute Kontakte und Netzwerke verfügen.

Bitte prüfen Sie bei sich selbst: Welche Branchenerfahrungen, Abschlüsse, Zeugnisse oder sonstige Nachweise liegen vor? Welche kaufmännischen und betriebswirtschaftlichen Kenntnisse (z. B. zum Marketing oder zur Kostenrechnung) sind vorhanden? Welcher Weiterbildungsbedarf besteht?

5.7 Persönliches Umfeld („Die Familie im Nacken oder den Partner im Rücken?")

Durch die Existenz- und Unternehmensgründung ändert sich das persönliche Umfeld. Existenz- und Unternehmensgründer haben weniger Zeit für die Familie. Dies ist ein Faktor, der insbesondere die Existenz- und Unternehmensgründungen von Frauen erschwert, denn viele Frauen, die sich selbstständig machen, haben „die Familie im Nacken" (Wirtz 2001, S. 26). Wenn Männer sich selbstständig machen, haben sie dagegen oftmals eine Ehefrau im Rücken. Zwar werden immer mehr Existenz- und Unternehmensgründungen von Frauen durchgeführt, doch machen sich Frauen überproportional im Zuerwerb selbstständig, wie in der folgenden Statistik gezeigt wird (Abb. 5.1).

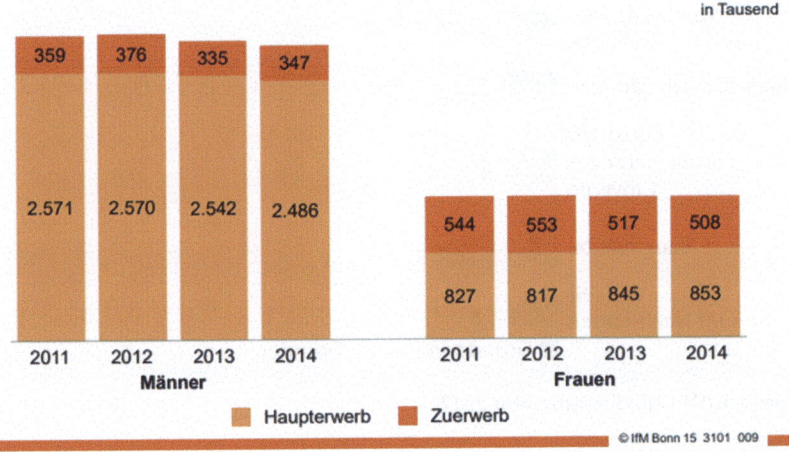

Abb. 5.1 Selbstständige im Haupt- und Zuerwerb in Deutschland nach Geschlecht (IfM 2014)

Laut einer Studie des Instituts für Mittelstandsforschung der Universität Mannheim sind die selbstständigen Frauen zu über 80 % im Bereich Dienstleistungen und weit überproportional im Gesundheits- und Sozialwesen tätig. Im Bereich sonstige persönliche Dienstleistungen und im Bereich Erziehung und Unterricht machen sich also mehr als doppelt so viele Frauen selbstständig wie Männer (Abb. 5.2).

Der Anteil könnte höher sein, wenn die besonderen Bedürfnisse von Frauen stärker berücksichtigt würden. Denn für weibliche Selbstständige „geht es nicht in erster Linie um Gewinnmaximierung", sagt Iris Kronenbitter. Sie leitet die Gründerinnen-Agentur, die Unternehmerinnen über Beratungsangebote und Fördermöglichkeiten informiert.

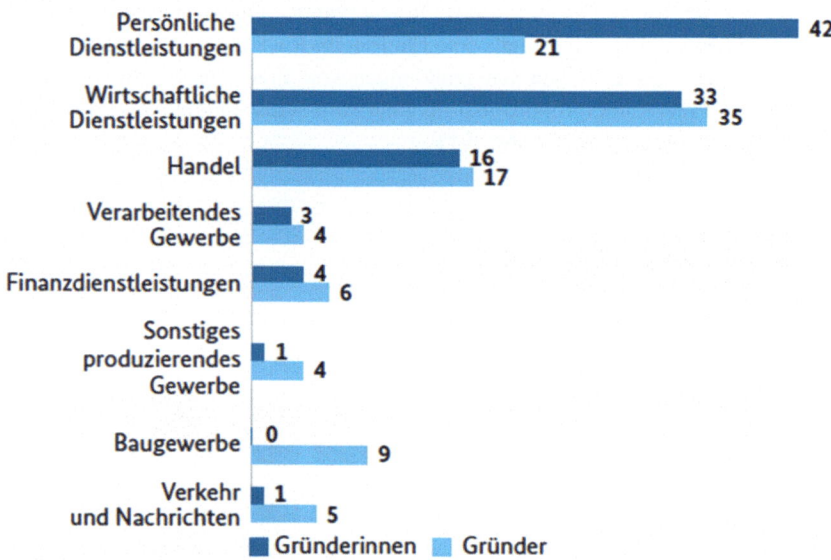

Abb. 5.2 Gründerinnen und Branchen 2016 (BMWi 2017, S. 2)

5.7 Persönliches Umfeld ...

„SZ: Was treibt die Frauen an, sich an die Gründerinnen-Agentur zu wenden?

Iris Kronenbitter: Es geht oft um Unabhängigkeit und darum, eigene Ideen umzusetzen: Viele Gründerinnen, die vorher abhängig beschäftigt waren, sind in der betrieblichen Hierarchie an die gläserne Decke gestoßen. Für sie ist die Selbstständigkeit die Chance, endlich Entscheidungen zu treffen und nach eigenen Qualitätsstandards zu arbeiten. Diese Frauen sind Überzeugungstäterinnen.

Geld ist also gar nicht wichtig?

Natürlich wollen die Frauen Geld verdienen. Aber während es den meisten männlichen Gründern in erster Linie um Gewinnmaximierung geht, setzen Frauen andere Prioritäten: Qualität und Sinnhaftigkeit der Arbeit, Lebenszufriedenheit, flexible Arbeitszeiten. In der Selbstständigkeit lassen sich Beruf und Familie in der Regel besser vereinbaren als in einem Angestelltenverhältnis, auch das ist wichtig" (Hoffmeyer 2012).

Frauen verfügen oftmals kaum über Eigenkapital, da viele Frauen familienbedingt längere Phasen des Verdienstausfalls haben. Bei den Finanzierungsverhandlungen haben viele Banken Erwartungen, die sich am Bild des klassischen Gründers orientieren. Frauen, die sich selbstständig machen wollen, passen nicht in dieses Schema. Sie haben angeblich eine geringere Risikobereitschaft als Männer und scheuen hohe Kredite. Auch fallen Gewinne und Wachstum häufig geringer aus als in den von Männern gegründeten Unternehmen, da Existenz- und Unternehmensgründungen von Frauen oft in Teilzeit oder nebenerwerblich erfolgen. Frauen, die Kinder haben, starten eventuell nur mit 35 h pro Woche und steigern ihr Engagement in Abhängigkeit von den Familienverpflichtungen.

Doch mittlerweile hat sich auch bei Banken herumgesprochen, dass Frauen ihre Kredite zuverlässiger zurückzahlen als Männer. Sie sind vorsichtiger.

Um Existenz- und Unternehmensgründungen von Frauen zu fördern, ist ihre Doppelbelastung zu berücksichtigen. D. h., es ist eine Harmonie zwischen Berufswelt und Familienleben, z. B. durch Ganztagsschulen oder die Förderung von Kinderbetreuungen, sicherzustellen. Wichtig ist aber auch eine Veränderung des gesellschaftlichen Klimas, um eine Kultur der Existenz- und Unternehmensgründung zu unterstützen.

Ob eine Existenz- und Unternehmensgründung zur jeweiligen Lebensplanung passt, ist vom Zeitaufwand für die Tätigkeit und für sonstige Verpflichtungen abhängig. Das Bundesministerium für Wirtschaft und Energie (BMWi) empfiehlt in seinem Infoletter *GründerZeiten 03*, „Existenz- und Unternehmensgründung durch Frauen", zur Erfassung dieses Aufwands die Beantwortung der folgenden Fragen (Abb. 5.3):

	Stunden pro Tag	Arbeitstage pro Woche	Arbeitstage pro Jahr
Berufliche Arbeit Wie viele Stunden wollen Sie täglich arbeiten? Wie viele Stunden werden Sie täglich arbeiten? + Wie viele Tage planen Sie monatlich für Akquise ein? *Empfehlung:* Planen Sie feste Zeiten oder Tage für Akquise ein. + Wie viele Tage planen Sie durchschnittlich im Monat für Verwaltung/Organisation ein? + Wie viele Tage planen Sie im Monat durchschnittlich für Fortbildungen ein? + Wie viele Tage planen Sie im Monat für Besprechungen/Vor- und/oder Nachbereitungen von Aufträgen ein? *Empfehlung:* Gerade im ersten Jahr der Gründung sollten Sie diese Zeit nicht zu knapp kalkulieren. Sie müssen hier erst eine Routine entwickeln.			
Summe Arbeitszeit			
Nicht-Arbeit **Urlaub/Fortbildung**			

Abb. 5.3 Zeitaufwand von Existenz- und Unternehmensgründerinnen (BMWi 2017, S. 8)

5.7 Persönliches Umfeld ...

Empfehlung: Sie sollten 30 Urlaubs- und Fortbildungstage pro Jahr veranschlagen.			
Krankheit			
Empfehlung: Sie sollten 15 Krankentage (selbst oder z. B. Kinder) pro Jahr veranschlagen.			
Familienarbeit Wie viele Stunden werden Sie täglich für Ihre Familie verwenden?			
Tipp: Gründerinnen unterschätzen oft den Zeitbedarf für die Familien. *Empfehlung: Planen Sie hier eher großzügig. Reservieren Sie nicht jeden Abend als Familienzeit. Unterschätzen Sie nicht, dass die eigene Konzentration am Ende des Tages nachlässt.*			
Summe Nicht-Arbeit (Urlaub/Fortbildung, Krankheit, Familie)			
Differenz Arbeitszeit minus Nicht-Arbeitszeit und Familienarbeitszeit			
Empfehlung: Überlegen Sie (und fragen Sie ggf. eine/-n Berater/-in Ihres Branchenverbands), ob diese Zeit erfahrungsgemäß ausreicht, um in Ihrer Branche erfolgreich sein zu können.			
Zum Vergleich: Vollerwerbs-Arbeitstage pro Jahr (ohne Wochenenden, Feiertage, Urlaub, Krankentage			

Abb. 5.3 (Fortsetzung)

5.8 Stärken-Schwächen-Profil („Wer bin ich?")

Unabhängigkeit und Selbstverwirklichung stehen an der Spitze der Motivationsgründe für die Existenz- und Unternehmensgründung. Auch wenn die Motivation hoch ist, gilt es, anhand eines Stärken-Schwächen-Profils die persönliche Kompetenz für ein Existenz- und Unternehmensgründungsvorhaben zu bestimmen. Hierzu sollte ein Blick auf die Ausbildung und Berufserfahrung sowie auf die betriebswirtschaftlichen und Managementkompetenzen geworfen werden.

Da Existenz- und Unternehmensgründer eine Rundumverantwortung tragen, müssen auch Belastungsfähigkeit, Selbstvertrauen, die Fähigkeit zur Selbstvermarktung, Selbstdarstellung und Akquisition, Durchhaltevermögen und Geduld, Beharrlichkeit und Offenheit, Kommunikationsfähigkeit und der familiäre Rückhalt geprüft werden.

Besonders wichtig sind weiterhin die persönlichen Finanzen und das Beziehungsgeflecht im Arbeitsbereich der angestrebten Existenz- und Unternehmensgründung: Welche persönlichen Kontakte habe ich, z. B. zu öffentlichen Trägern, zu Spitzenverbänden der freien Wohlfahrtspflege, zu Finanzierungsgebern, zu politischen Entscheidungsträgern, zu Partnern, zu Kollegen, zu potenziellen Mitarbeitern etc.? Als Hilfestellung bei der Eruierung dieser Fragen hilft die folgende Checkliste (Abb. 5.4):

5.8 Stärken-Schwächen-Profil („Wer bin ich?")

Checkliste Persönlichkeitsprofil: Ihre Stärken und Schwächen			
Persönliche Merkmale	Vorhanden?		Anmerkungen
Gesundheit			
Sind Sie körperlich voll belastbar?	o ja	o nein	....
Haben Sie sich einer gründlichen ärztlichen Untersuchung unterzogen?	o ja	o nein	....
Erfordert Ihre Tätigkeit besondere körperliche Voraussetzungen?	o ja	o nein	....
Leistungswille			
Sind Sie bereit, längere Zeit extremen beruflichen Belastungen ausgesetzt zu sein?	o ja	o nein	....
Können Sie vorübergehend auf Urlaub und Freizeit verzichten?	o ja	o nein	....
Verfügen Sie über die erforderliche Ausdauer?	o ja	o nein	....
Lernbereitschaft			
Sind Sie bereit, sich in neue Gebiete einzuarbeiten?	o ja	o nein	....
Ergreifen Sie von sich aus die Initiative, wenn Sie Wissenslücken entdecken?	o ja	o nein	....
Entscheidungsfreude			
Würden Sie sich als Mensch der Tat bezeichnen, der lieber agiert als reagiert?	o ja	o nein	....
Sind Sie in der Lage zu erkennen, auf welche Punkte es bei einer Entscheidung ankommt?	o ja	o nein	....
Können Sie schnell und zielsicher entscheiden?	o ja	o nein	....
Wird Ihre Entscheidungsfähigkeit durch Rückschläge gemindert?	o ja	o nein	....
Kommunikationsfähigkeit			
Gehen Sie auf Ihre Mitmenschen zu?	o ja	o nein	....
Sind Sie ein Typ, der schnell Kontakt findet?	o ja	o nein	....
Können Sie zuhören?	o ja	o nein	....
Sind Sie in der Lage, auf Ihre Gesprächspartner einzugehen?	o ja	o nein	....
Können Sie auch in angespannten Situationen sachlich bleiben?	o ja	o nein	....

Abb. 5.4 Checkliste Persönlichkeitsprofil: Ihre Stärken und Schwächen (Herz 1997, S. 10 ff.)

Organisationstalent			
Nehmen Sie die Dinge gern selbst in die Hand?	○ ja	○ nein	....
Können Sie improvisieren?	○ ja	○ nein	....
Behalten Sie unter Zeitdruck einen klaren Kopf?	○ ja	○ nein	....
Können Sie Aufgaben delegieren?	○ ja	○ nein	....
Können Sie Wichtiges von Unwichtigem unterscheiden?	○ ja	○ nein	....
Durchsetzungsvermögen			
Können Sie andere überzeugen?	○ ja	○ nein	....
Sind Sie in der Lage, Mitarbeiter auch in angespannten Situationen zu motivieren?	○ ja	○ nein	....
Verfügen Sie über eine gewisse Schlagfertigkeit?	○ ja	○ nein	....
Setzen Sie sich auch nach längeren Auseinandersetzungen durch?	○ ja	○ nein	....
Scheuen Sie Kompromisse?	○ ja	○ nein	....
Fachkenntnisse			
Verfügen Sie über spezifische Branchenkenntnisse?	○ ja	○ nein	....
Haben Sie Erfahrung in der Führung von Mitarbeitern?	○ ja	○ nein	....
Verfügen Sie über die notwendigen Grundkenntnisse im finanziellen, kaufmännischen, steuerlichen und rechtlichen Bereich?	○ ja	○ nein	....
Verfügen Sie über Berufserfahrung?	○ ja	○ nein	....
Ist die Berufserfahrung für Ihre zukünftige Tätigkeit einschlägig?	○ ja	○ nein	....
Besteht die Möglichkeit, fehlende Kenntnisse kurzfristig durch Seminare und Schulungen zu erlangen?	○ ja	○ nein	....
Persönliches Umfeld			
Steht Ihr Partner/Ihre Familie hinter Ihren Plänen?	○ ja	○ nein	....
Verfügt Ihr Partner über Berufskenntnisse, die bei Ihrer zukünftigen Tätigkeit benötigt werden?	○ ja	○ nein	....
Befinden sich in Ihrem Freundes- und Bekanntenkreis Selbstständige?	○ ja	○ nein	....
Ist Ihr Partner in der Lage, während der Gründungsphase die Kosten Ihres persönlichen Lebensbedarfs zu tragen?	○ ja	○ nein	....

Abb. 5.4 (Fortsetzung)

Literatur

Bundesministerium für Wirtschaft und Energie [BMWi] (2017). *GründerZeiten 03. Existenzgründungen durch Frauen.* https://www.bmwi.de/Redaktion/DE/Publikationen/Gruenderzeiten/infoletter-gruenderzeiten-nr-03-existenzgruendungen-durch-frauen.pdf?__blob=publicationFile&v=20. Zugegriffen: 30. Mai 2018.

Herz, P. (1997). *Geld-Checkliste für Existenz- und Unternehmensgründer. Gehen Sie auf Nummer Sicher.* Regensburg/Bonn: Walhalla.

Hoffmeyer, M. (2012). Überzeugungstäterinnen: Freiheitsliebe, Arbeitslosigkeit: Es gibt gute Gründe, warum Frauen selbstständig werden. *Süddeutsche Zeitung* (01. September 2012), Beruf und Karriere, S. V209.

idw – Informationsdienst, Wissenschaft (2001). *Psychologen untersuchten Persönlichkeitsmerkmale von Unternehmern.* 23. August 2001. https://idw-online.de/en/news?print=1&id=38164. Zugegriffen: 30. April 2019.

Institut für Mittelstandsforschung Bonn [IfM] (Hrsg.) (2014). *Selbstständige im Haupt- und Zuerwerb in Deutschland nach Geschlecht.* https://www.ifm-bonn.org/uploads/tx_ifmstudies/S-Monitor_2014.pdf. Zugegriffen: 30. Mai 2018.

Wirtz, C. (2001). Mit der Familie im Nacken, 30 Prozent der deutschen Unternehmen wird von Frauen gegründet, oft steht das Privatleben der Selbstständigkeit im Weg. *Süddeutsche Zeitung* (20.09.2001), Wirtschaft, S. 26.

Konzeptionelle Anforderungen 6

Zusammenfassung

Ob sich ein neu gegründetes Unternehmen auf dem sozialen Markt behaupten kann, liegt maßgeblich an der Geschäftsidee und der Unternehmenskonzeption. Als Hilfestellung werden vier Kriterien vorgestellt, mit denen Geschäftsideen im sozialen Bereich überprüft werden sollten: die Marktfähigkeit, die Finanzierbarkeit, die Wirtschaftlichkeit wie auch die Struktur-, Prozess- und Ergebnisqualität. Eine gute Geschäftsidee wird meistens nicht allein entwickelt, sondern am besten mit Unterstützung. Dies gilt für die häufigste Form der Neugründung (die Gründung durch eine Einzelperson) ebenso wie für kollektive Gründungen. Soll sich eine gute Geschäftsidee zu einer überzeugenden Geschäftskonzeption entwickeln, ist es wichtig, professionelle Beratung in Anspruch zu nehmen. Im Bereich Marketing ist eine gründliche Ist-Analyse und eine Stärken-Schwächen-Analyse sinnvoll, für die Checklisten und Vorlagen zur Verfügung gestellt werden. Mit Zielrichtung Kostenträger ist ein Marketingmix zu entwickeln, der vier Bereiche umfasst: die Leistungspolitik (hat die Neugründung einen USP?), die Preispolitik (der Preis muss kostendeckend und gegenüber dem Kunden darstellbar sein, d. h., muss die Konkurrenz unterbieten oder aber einen erkennbaren Mehrwert bieten), die Distributionspolitik und die Kommunikationspolitik (gute Kontakte zu den Entscheidungsträgern, gute Netzwerkarbeit sowie Presse- und Öffentlichkeitsarbeit).

> **Lernziele**
> Sie erfahren, anhand welcher Kriterien Geschäftsideen im sozialen Bereich überprüft werden sollten. Hiervon ausgehend werden Gründungsmöglichkeiten im Allgemeinen sowie Ideenfindungs-, Umfeldanalyse- und Bewertungstechniken im Besonderen vorgestellt. Viele nützliche Adressen, Checklisten sowie konkrete Erfahrungen und Beispiele runden das Kapitel ab: Nun haben Sie das Handwerkszeug für das Erstellen einer kundenorientierten Geschäftskonzeption.
>
> Ob ein neu gegründetes Unternehmen sich behaupten kann, liegt in erster Linie an der Person des Existenz- und Unternehmensgründers. Seine Mentalität, Einstellungen und Qualifikationen sind entscheidend für den Erfolg einer Gründung. Neben der Persönlichkeit des Gründers sind Geschäftsidee und Unternehmenskonzeption von entscheidender Bedeutung für den Erfolg einer Gründung. Sie ist zwar kein Erfolgsgarant, aber ein unverzichtbares Element.

6.1 Prüfkriterien für Geschäftsideen im sozialen Bereich

6.1.1 Marktfähigkeit

Das wichtigste Prüfkriterium für eine Geschäftsidee ist ihre Marktfähigkeit. D. h., es muss Menschen geben, die die Dienstleistung benötigen. Doch welche Idee ist marktfähig? Gemäß dem Grundsatz, dass Probleme auch zu neuen Chancen führen, gilt es, aktuelle Problemlagen frühzeitig zu erkennen und Problemlösungsideen zu entwickeln. Dabei sind folgende Trends zu beachten:

- Die Sozialwirtschaft war über Jahrzehnte durch Beständigkeit und nicht durch Veränderungen gekennzeichnet. Doch, wie in der Einleitung bereits erwähnt wurde, hat der Umschwung der Steuerungsmedien (vom Recht zum Geld) dazu geführt, dass ganze Bereiche neu strukturiert wurden und werden, was bedeutet, dass somit auch neue Handlungsfelder für Existenz- und Unternehmensgründer erschlossen werden.
- Die Sozialwirtschaft ist, wie gezeigt, privatisiert und dereguliert worden. Soziale Unternehmen, die flexibel genug sind, um auf ökonomische und politische Schwankungen reagieren zu können, und gleichzeitig preiswert benötigte Dienstleistungen bereitstellen, gewinnen an Boden.
- Dabei ist als Megatrend die demografische Entwicklung zu nennen.

6.1.1.1 Handlungsfeld „Alter & Pflege"

Aufgrund der demografischen Entwicklung ist mit einer Zunahme des Marktes für soziale Dienstleistungen zu rechnen, die sich den Problemfeldern Alter/Pflege und Gesundheit/Krankheit widmen. Insbesondere die Zahl der über 80-Jährigen wird dramatisch ansteigen. In der Folge ergibt sich ein massiv steigender Pflegebedarf (Abb. 6.1).

Während zurzeit ungefähr 70 % der zu Hause versorgten pflegebedürftigen Personen von ihren Angehörigen versorgt werden (Bundesministerium für Familie, Senioren, Frauen und Jugend 2010, S. 358), wird sich dies in Zukunft stark verändern, da zunehmend mehr Menschen alleinstehend sind.

Hinzu kommt der allgemeine Wandel der Familien in Deutschland. Die räumlichen Abstände zwischen den Lebens- und Wohnorten der Familienmitglieder (Großeltern, Kinder, Enkel) nehmen zu, sodass eine Pflege durch Angehörige oftmals gar nicht mehr möglich ist. Folglich werden Ältere vermehrt entweder auf

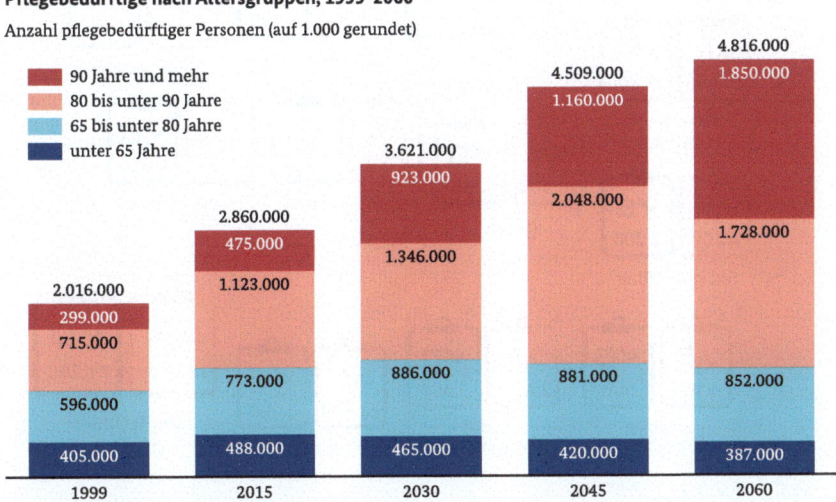

Abb. 6.1 Zunahme der Pflegebedürftigen (Demografie Portal des Bundes und der Länder 2017)

professionelle Hilfe in stationären Einrichtungen oder durch ambulante Pflegedienste angewiesen sein. Hier eröffnet sich ein wichtiges Feld für Existenz- und Unternehmensgründer im Gesundheits- und Sozialbereich (Abb. 6.2).

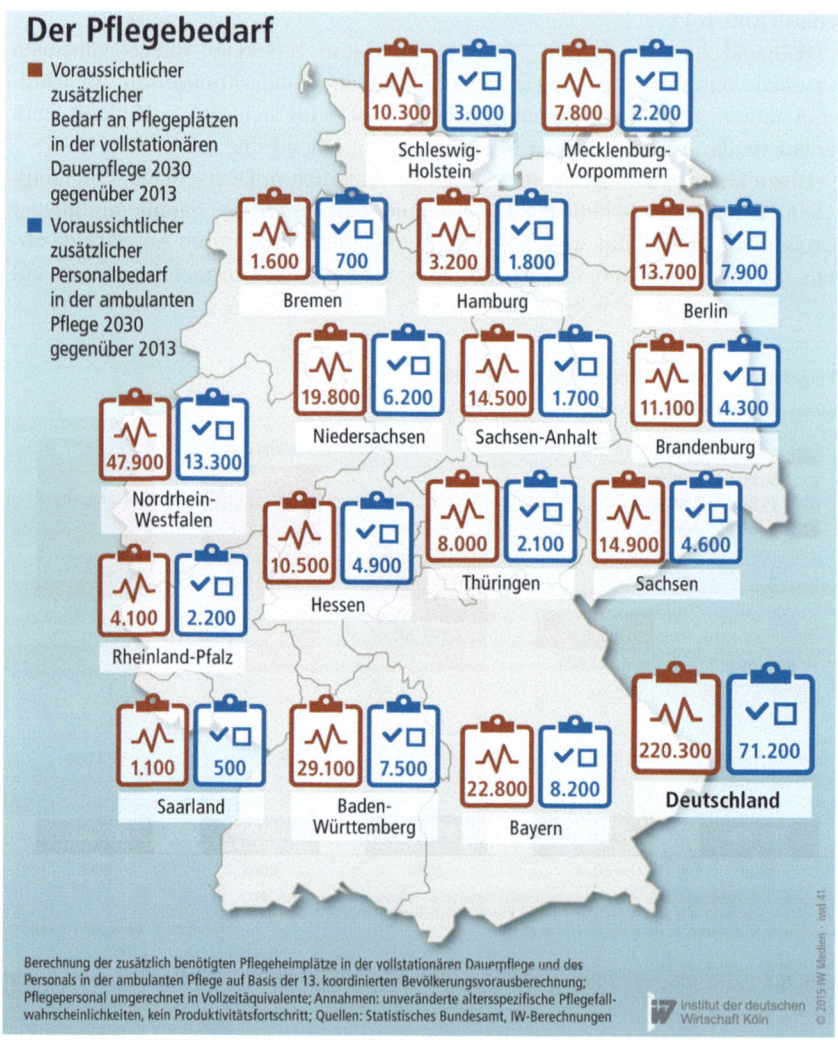

Abb. 6.2 Pflegebedarf (iwd 2015)

Doch die Finanzierung der Pflege stößt schon jetzt an ihre Grenzen. Folglich gilt es, neue Konzepte zu entwickeln, um einen Zusammenbruch der Altenhilfe zu verhindern. Beispiele sind selbstständigkeitsfördernde und -erhaltende Dienste, haushaltsnahe und familienunterstützende Dienste, altersgerechte Umbauten der Wohnung, Angebote für Kontaktförderung und Kommunikation oder für das betreute Wohnen.

„‚Ich bin froh, wieder unter Menschen zu sein, früher war ich doch recht allein.' Erika Hanke sitzt im herbstlich dekorierten Aufenthaltsraum der Josephinen-Wohnanlage in Potsdam und schaut auf die Havel hinaus. Sie und eine ihrer neuen Bekannten haben gerade zu Mittag gegessen, jetzt plaudern sie noch ein bisschen. Vor einem halben Jahr, als ihr das Leben in der alten Wohnung zu einsam und zu beschwerlich wurde, zog Hanke von Berlin-Neukölln hierher um. [...] In der Josephinen-Wohnanlage lebt sie selbstständig mit ihren eigenen Möbeln in einer Einzimmerwohnung und nimmt nur so viel Betreuung in Anspruch, wie sie braucht. ‚Im Notfall ist immer jemand da, das beruhigt.'" (Geinitz 2008, S. 20).

Das Konzept ist nicht nur für Frau Hanke interessant, sondern auch für den Betreiber:

„Marseille-Chef Hölzer hat eine griffige Erklärung, warum das betreute Wohnen so gut läuft. ‚Das Modell gewährleistet ein würdiges, selbstbestimmtes Leben und garantiert zugleich bezahlbare Pflegeplätze – trotz der Altersarmut und der Schwierigkeiten der Sozialkassen.' Er rechnet vor, dass ein vollstationärer Pflegeplatz in der Pflegestufe II etwa 2430 EUR im Monat koste. Im betreuten Wohnen seien es nur 1790 EUR. Die Pflegekasse spare fast 300 EUR, der Eigenanteil des Bewohners sinke um 340 auf 810 EUR. Damit reiche die durchschnittliche Ost-Rente von 940 EUR für die Kostenbeteiligung aus, weder Angehörige noch Sozialhilfe müssten zuzahlen." (Geinitz 2008, S. 20).

Doch die Gruppe der älteren Menschen ist überaus heterogen. Neben armen Alten, die öffentlich finanzierte Hilfe benötigen, gibt es immer mehr reiche Alte, die in der Lage und auch bereit sind, Geld für Produkte und Dienstleistungen auszugeben, wenn diese ihren Wünschen gerecht werden. Dabei ist zu beachten, dass sich die Bedarfe der jetzigen Rentnergeneration, insbesondere die der „jungen Alten" von der Seniorengeneration der Kriegs- und Wiederaufbauzeit unterscheidet.

6.1.1.2 Handlungsfeld „Kinder – Familie – Beruf"
Eng gekoppelt mit der demografischen Entwicklung sind auch Veränderungen der Familienstrukturen. Denn um dem Fachkräftebedarf bei einer abnehmenden Erwerbsbevölkerung gerecht zu werden, steigt die Quote der erwerbstätigen

Frauen an, und mit ihr auch der Bedarf an Fremdbetreuung für Kinder. Die Politik hat hierauf reagiert und mit dem Kinderförderungsgesetz das Recht auf einen Krippenplatz festgeschrieben. Es sieht seit 2013 vor, für durchschnittlich jedes dritte Kleinkind unter drei Jahren einen Betreuungsplatz bereitzustellen. Doch bei der Umsetzung dieses Rechtsanspruchs gibt es Probleme, die gleichzeitig auch eine Chance für Existenz- und Unternehmensgründer sein können:

> „Natürlich würde sie gerne wieder arbeiten, jetzt, wo ihr Sohn fast ein Jahr alt ist, würde sie gerne regelmäßig ins Büro gehen und ihren Teamleiterposten wieder aufnehmen [...]. Das Problem ist nur: Sie findet keinen Krippenplatz. Darum war ihre Antwort auf den Notstand eine andere:,dann mach ich eben selbst eine Krippe auf'." (Oberhuber 2009, S. 30).

Der Bedarf an Krippenplätzen ist groß, sodass Existenz- und Unternehmensgründer hier gute Chancen haben. Sie sollten sich daher die folgenden Fragen stellen:

„Welche Kinder kommen zu uns?
Wollen Sie eine Krippe für die ganz Kleinen gründen? Oder einen Kindergarten für die 3 – 6-Jährigen? Einen Hort, der Schulkinder am Nachmittag betreut? Oder eine Kita, die altersübergreifend alle Kinder der Nachbarschaft aufnimmt? Oder soll es gar eine Integrationseinrichtung werden, die auch behinderte Kinder betreuen kann?

Haben Sie eine Idee?
Die vage Vorstellung, eine Tagesstätte zu bauen, ist gut, ein konkretes Konzept natürlich besser: Wer schon genaue Vorstellungen hat, ob er einen Waldkindergarten und eine Waldorf-Einrichtung gründen will, ob er die Kinder zweisprachig fördern will oder sportlich, musikalisch oder allgemein kreativ, hat es später leichter, andere Eltern zu überzeugen und die Plätze zu füllen.

Was sagt das Jugendamt?
Der nächste Schritt führt zu den Behörden: Bestätigt das Jugendamt, dass im Bezirk noch Betreuungsplätze fehlen? Dann erst kann es losgehen. Denn dann bekommen Sie auch eine Förderung und Geld von Land und Kommunen.

Was kostet der Spaß?
Jetzt ist der genaue Kosten- und Finanzierungsplan an der Reihe. Hilfestellung dabei leisten Gründungsberater der Bundesarbeitsgemeinschaft Elterninitiativen BAGE (www.BAGE.de)

Wo kommen wir unter?
Wie lang die ersten Schritte dauern, ist von Stadt zu Stadt sehr unterschiedlich. Es hilft aber, parallel nach Räumen Ausschau zu halten und Mietverträge zu sondieren." (Oberhuber 2009, S. 30)

Langfristig erfolgreich werden Kitagründer nur dann sein, wenn sie Konzepte entwickeln, die der sich verändernden Lebenswirklichkeit gerecht werden.

Vor rund 15 Jahren gründeten Oliver Strube und Alfons Scheitz ihre erste eigene Kindertagesstätte mit dem Namen Oase im Kasseler Stadtteil Vorderer Westen. Kurze Zeit später betrieben „die studierten Sozialpädagogen 18 Kindertagesstätten in 3 Bundesländern mit insgesamt 172 Mitarbeitern" und sie erwirtschafteten „einen Jahresumsatz von 5,5 Mio. €" mit über 800 Kindern täglich (Flohr 2006): „Unser Angebot soll sich an den Bedürfnissen der Eltern orientieren. Starre Regeln oder feste Öffnungszeiten existieren in unseren Einrichtungen nicht. So sind Betreuungsmöglichkeiten von 7 bis 22:00 Uhr keine Seltenheit." (Flohr 2006).

Das Konzept von Strube und Scheitz wird unter anderem auch von erwerbswirtschaftlichen Unternehmen nachgefragt: „Viele Unternehmen haben mittlerweile erkannt, dass sie Kinderbetreuungsmöglichkeiten schaffen müssen, um qualifiziertes Personal zu rekrutieren" (Flohr 2006). Der demografische Wandel führt dazu, dass Personal knapp wird, und familienfreundliche Betriebe haben bessere Chancen im Kampf um die begehrten *high potentials*.

Zur veränderten Lebenswirklichkeit gehört auch, dass ca. ein Drittel aller in Deutschland lebenden Kinder unter fünf Jahren einen Einwanderungshintergrund hat. Im Jahr 2016 hatten in Deutschland 38,1 % aller Kinder unter fünf Jahren einen Migrationshintergrund – in der Gruppe der 35- bis unter 45-Jährigen lag der entsprechende Anteil im selben Jahr bei 29,4 % und bei den 85- bis unter 95-Jährigen bei 7,1 % (bpb 2018). Konzepte, die diesen Aspekt in besonderer Weise berücksichtigen, werden in Zukunft noch stärker benötigt, als es bereits der Fall ist.

6.1.1.3 Handlungsfeld „Besondere Fähigkeiten/ Kompetenzen"

Doch nicht nur im Feld neuer innovativer sozialer Dienstleistungen entstehen erfolgreiche Existenz- und Unternehmensgründungen, auch Unternehmen, die die speziellen Fähigkeiten beispielsweise von Menschen mit Behinderung nutzen, können nach dem Motto „Mach ein soziales Problem zur Idee für eine Unternehmensgründung" ihren Markt finden. Ein Beispiel ist das Unternehmen „Dialog im Dunkeln":

> „Gesa ist vorübergehend blind. Die Szene spielt sich nicht auf der Straße ab, sondern in einem dunklen Raum. Hund, Auto, Stadt und Passanten, all das existiert nur in ihrer Vorstellung. Das Gebell kommt wie alle Geräusche aus dem Lautsprecher. Hilflos am Blindenstock geklammert tastet sich das Grüppchen, zu dem Gesa gehört, durch die Ausstellung ‚Dialog im Dunkeln'. Blind Guides führen hier die Sehenden. Deren bekannte Welt ist plötzlich fremd. […] Vor 11 Jahren öffnete

Andreas Heinecke die Ausstellung in der Hamburger Speicherstadt. Damals noch mit öffentlichen Mitteln gefördert und als zeitlich begrenztes Projekt geplant ist ‚Dialog im Dunkeln' heute ein Unternehmen mit 110 Mitarbeitern und Ablegern in 30 Ländern." (Tiedge 2011).

Das Unternehmen „Dialog im Dunkeln" nutzt die besonderen Kompetenzen blinder Menschen. Doch nicht nur blinde Menschen haben aufgrund ihrer Behinderung besondere Kompetenzen entwickelt. So besitzen beispielsweise Menschen mit Autismus besondere Fähigkeiten, die andere Menschen nicht haben, und können als Spezialisten in bestimmten Berufsfeldern eingesetzt werden:

> „Hajo Seng wusste lange nicht, was falsch an ihm ist. Seng ist 49 Jahre alt und arbeitet als IT-Spezialist. Brüche kennzeichnen seinen Lebenslauf. Oft ist er gescheitert und musste neu anfangen. Lange Zeit schien es keinen Grund dafür zu geben [...]. Vor vier Jahren wurde bei ihm offiziell Asperger-Autismus diagnostiziert. Seng arbeitet heute in der IT-Abteilung der Staatsbibliothek Hamburg. Dort kümmert er sich um die Server, sorgt dafür, dass das Netzwerk funktioniert, und versucht, die Katalogsoftware nutzerfreundlich zu machen, ein Arbeitsplatz ohne laute, ablenkende Geräusche. Er muss nicht viel reden. Hajo Seng hat sich schon in seiner Jugend mit Primzahlen und Astronomie beschäftigt. Er entwickelt neue Formen zur Planetenberechnung. Viele Autisten vertiefen sich gerne bis ins Detail in ein Thema. Sie erkennen Symmetrien, Regeln und Muster und bemerken auch nur die geringste Abweichung. Anders als den meisten Menschen macht es ihnen daher Spaß, scheinbar monotone, öde Dinge zu tun, wie kleinste Fehler in seitenlangen Programmiercodes aufzuspüren. Genau diese Fähigkeiten sind gefragt in einer Wirtschaft, die immer mehr von solchen Systemen bestimmt wird." (Alvares de Souza Soares 2012).

Menschen mit Autismus denken äußerst systematisch. Sie haben eine hohe Konzentrationsfähigkeit bei sich wiederholenden Aufgaben und eignen sich besonders bei der Lösung von IT-Problemen. Das dänische Unternehmen Specialist People Foundation hat entsprechende Konzepte entwickelt und bietet ein Franchisesystem an (2013).

Ein weiteres Beispiel für ein Unternehmertum, das der Lösung sozialer Probleme dient, liefern Entrepreneure, die Integrationshotels betreiben:

> „Im Hotel Grenzfall in Mitte kommt die Kellnerin nun schon zum zweiten Mal und fragt nach, ob ein Latte Macchiato oder ein Cappuccino bestellt wurde. ‚Dann merken die Leute, dass irgendetwas anders ist bei uns', sagt Reinhard Burkhard, Geschäftsführer des Hotels. ‚Unsere Mitarbeiter bieten vielleicht einen etwas langsameren, aber umso herzlicheren Service. Warum es hier etwas länger dauert: Im Grenzfall arbeiten zu 90 % Menschen mit Behinderung. [...] Der Service

ist angenehm anders. Unsere Angestellten sind einfach von ihrem Naturell her freundlich und das merken die Leute. Knapp zwei Jahre nach der Eröffnung ist das Hotel bei einer schwarzen Null angelangt. Die Auslastung liegt bei 50 %. Wir sind ein ganz normales 3-Sterne-Hotel, das mit anderen Wettbewerbern auf dem Markt konkurriert', sagt Burkhard. ‚Nur dass wir eben etwas für behinderte Menschen tun wollen.'" (Uthoff 2012).

Existenz- und Unternehmensgründungen, die Marktlücken entdecken und besetzen, sind erfolgreich. Hierfür braucht man in der Regel ein detailliertes Branchenwissen. Gleiches gilt für Gründungen, die Innovationen nutzen und ein besonderes Profil im Sinne eines „unique selling points", eines USP, herausbilden. Um Erfolg zu haben, gilt es, Veränderungen frühzeitig zu erkennen. Unternehmer, die reaktiv nur auf Marktentwicklungen reagieren, sind dagegen erfolglos. Doch auch der Erfolg bringt spätestens dann Gefahren mit sich, wenn sich die Rahmenbedingungen ändern, und dies ist gemäß dem Motto „Nichts ist so beständig wie der Wandel" auch in der Sozialwirtschaft der Fall.

6.1.2 Finanzierbarkeit

Doch es gilt nicht nur, kreativ marktgängige Ideen zu entwickeln, sondern auch die Finanzierungsebene im Auge zu behalten. Deshalb muss ein Existenz- und Unternehmensgründer sich mit den Finanzierungsmöglichkeiten seines Bereichs auskennen oder entsprechende Beratung in Anspruch nehmen.

Da die Konsumenten sozialer Dienstleistung diese in der Regel nicht selbst bezahlen können, ist zu überprüfen, ob ein gesetzlich festgelegter Anspruch der Kunden oder Klienten auf eine Leistung besteht und die neu zu gründende Einrichtung somit indirekt über die Klienten finanziert werden kann. Weiterhin gilt es zu überprüfen, ob eine gesetzliche Verpflichtung besteht, die Einrichtung direkt zu fördern. Wenn beides nicht der Fall ist, hat der Existenz- und Unternehmensgründer nur dann eine Chance, seine Idee zu realisieren, wenn er bei potenziellen Kostenträgern den Willen zur Kostenübernahme wecken kann. Hierfür sind gute Kontakte zu Entscheidungsträgern, aber auch zur Verwaltung von Nutzen, deren Entscheidungsspielraum in jüngster Zeit gewachsen ist.

Da der Markt sozialer Dienstleistungen nicht nur rechtlich und ökonomisch, sondern auch politisch strukturiert ist, kann ein Anbieter zum Zuge kommen, der zwar über ein wirtschaftlich schlechteres Angebot als die Konkurrenz, aber über die besseren Beziehungen zu Entscheidungsträgern verfügt. Hilfreich sind auch gute Kontakte zu den Medien, insbesondere aber die Zugehörigkeit zu bestehenden Netzwerken, z. B. den Wohlfahrtsverbänden. Da die Wohlfahrtsverbände den

Markt des Sozialen weitgehend unter sich aufgeteilt haben, hat ein Existenz- und Unternehmensgründer, der keinem Verband angehört, in der Sozialwirtschaft nur geringe Chancen.

Zu berücksichtigen sind aber auch Gruppen, die in der Lage sind, Leistungen selbst zu bezahlen. So ist beispielsweise die heutige Rentnergeneration kaufkräftig und die reichste Rentnergeneration, die es jemals gab. Sie hat ein höheres verfügbares Einkommen und vor allem mehr Vermögen als andere:

> „Ein verlässliches Bild der Einkommens- und Vermögensverteilung in Deutschland ergibt das vom DIW seit mehr als zwei Jahrzehnten untersuchte Sozioökonomische Panel (SOEP), das auf einer Stichprobe von etwa 12.000 Haushalten beruht. Demnach hatten Seniorenpaare 2003 [...] durchschnittlich ein verfügbares Einkommen von 20.218 EUR je Person. Sie lagen damit bei 104,5 % des durchschnittlichen bedarfsgewichteten verfügbaren Einkommens der Gesamtbevölkerung von 19.347 EUR je Person. Junge Elternpaare mit einem Kind von unter 3 Jahren kamen nur auf 83,6 % dieses Wertes, Paare mit älteren Kindern über 16 Jahren immerhin auf 113 %, da nun häufiger beide Eltern berufstätig waren. Am geringsten war die Einkommensposition der Alleinerziehenden, vor allem Frauen, die meist nur zwei Drittel des Durchschnitts erreichten." (Plickert 2008) (Abb. 6.3).

Da viele Rentner in der Lage sind, für soziale Dienstleistungen zu zahlen, bietet sich hier ein Feld für Existenz- und Unternehmensgründungen außerhalb öffentlicher Finanzierungsquellen.

6.1.3 Wirtschaftlichkeit und „Hilfe für Menschen in Not"

In jüngster Zeit geraten verstärkt wirtschaftliche Faktoren ins Blickfeld, da die Probleme zunehmen und die zur Verfügung stehenden Mittel begrenzt sind. Die Soziale Arbeit muss auch die betriebswirtschaftliche Ebene berücksichtigen, wenn sie ihren Auftrag, „Hilfe für Menschen in Not" zu leisten, erfüllen will. Betriebswirtschaft und Wohlfahrt gehören zusammen und neue Angebote im sozialen Bereich gilt es daraufhin zu überprüfen, ob sie kostengünstiger sind als vorhandene Angebote oder ob sie besonders innovativ sind und ein spezifisches benötigtes Angebot bereitstellen, das am Markt noch nicht vorhanden ist.

Selbstständige in der Sozialwirtschaft müssen sich, wie jedes Unternehmen in der Wirtschaft, am Code Geld orientieren, also daran, ob Gewinne oder Verluste erzielt werden. Viele Gründer neigen dazu, sich nur auf ihre Idee zu konzentrieren und die wirtschaftliche Ebene zu vernachlässigen. Doch spätestens bei Kreditgesprächen mit den Banken werden Fragen zur Liquidität, zu den Unternehmenszielen, zum Marktpotenzial und zum Marketing gestellt.

6.1 Prüfkriterien für Geschäftsideen im sozialen Bereich

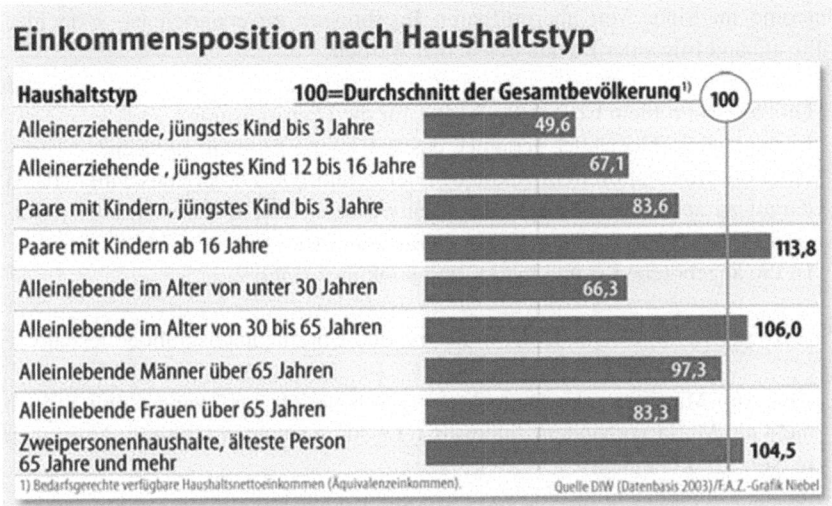

Abb. 6.3 Einkommen nach Haushaltstyp (Plickert 2008)

Gemäß dem Motto „Man hat nur einmal eine erste Chance" ist es sinnvoll, sich frühzeitig der wirtschaftlichen Ebene zu widmen.

Nur wenn ein Selbstständiger Gewinne erzielt, kann er am Markt existieren, und nur wenn er „Hilfe für Menschen in Not" sicherstellt, gehört seine Leistung zum Funktionssystem der Sozialen Arbeit. Prüfkriterien für Existenz- und Unternehmensgründungsideen in der Sozialwirtschaft sind folglich: Wirtschaftlichkeit und Funktionalität im Sinne einer „Hilfeleistung für Menschen in Not".

6.1.4 Struktur-, Prozess- und Ergebnisqualität

Weitere Prüfkriterien ergeben sich auf den Ebenen der Struktur-, Prozess- und Ergebnisqualität: Bei der Überprüfung der Strukturqualität stellt sich die Frage, ob die Geschäftsidee im Rahmen vorhandener oder neu geschaffener Strukturen umsetzbar ist. Hierzu gehören z. B. vorhandene Verbandsstrukturen, aber auch die der Aufbau- und Ablauforganisation der neu zu schaffenden Einrichtung. Bei der Überprüfung der Prozessqualität stellt sich die Frage, welche Prozesse durch die Idee angestoßen werden sollen und wie diese zu gestalten sind. Bei der Überprüfung der Ergebnisqualität gilt es zu klären, welcher Output oder welches

Outcome im Sinne von überprüfbaren Ergebnissen zu erwarten ist. Jede Idee sollte anhand folgender Punkte beleuchtet werden:

- Gibt es ein Problem bzw. einen Bedarf für die Dienstleistung?
- Ist die Unternehmensidee geeignet, das analysierte Problem zu lösen?
- Passt die Konzeption in die aktuelle oder zukünftige Förderlandschaft? (Es ist darauf zu achten, dass das Problem entweder auf der rechtlichen oder politischen Ebene auch das eines Fördergeldgebers ist.)
- Ist die angebotene Lösung markt- und konkurrenzfähig?

Um erfolgreich zu sein, sollte der Existenz- und Unternehmensgründer deshalb:

- eine vom Markt sozialer Dienstleistungen benötigte und wenn möglich noch nicht am Markt vorhandene, innovative Leistung anbieten (Hilfe für Menschen in Not, Markfähigkeit),
- für die es Finanzierungsmöglichkeiten gibt (Finanzierbarkeit),
- und diese Leistung preiswerter oder/und qualitativ besser anbieten als die Konkurrenz (Wirtschaftlichkeit, Struktur-, Prozess-, Ergebnisqualität).

6.2 Inanspruchnahme von Beratung

Jeder Existenz- und Unternehmensgründer sollte bei der Entwicklung seines Konzepts professionelle Unterstützung in Anspruch nehmen. Zwar ist eine Beratung kein Erfolgsgarant, aber dennoch unverzichtbar, um die Konzeption zu prüfen. Gemäß dem Motto „Wer schlecht informiert ist, den bestraft der Markt" sollten Hilfen zur Entwicklung von Unternehmenskonzepten ebenso eingeholt werden wie Informationen zu kaufmännischen Fragen, Fördermöglichkeiten oder Steuerfragen. Die Beratung sollte ganzheitlich sein, d. h. auch Doppelbelastungen mitberücksichtigen. Sie sollte weiterhin prozessorientiert sein und auch die Nachgründungsphase umfassen.

In einem ersten Zugriff sollten Sie kostenlose Beratungsmöglichkeiten nutzen.

Informieren Sie sich z. B. auf folgenden Seiten:

- https://beraterboerse.kfw.de – Datenbank zum Finden passender Berater zur Existenz- und Unternehmensgründung.
- https://www.alt-hilft-jung.de – Ehemalige Führungskräfte aus der Wirtschaft helfen ehrenamtlich (Aufwandsentschädigung) kleinen bis mittelständischen Unternehmen sowie Existenz- und Unternehmensgründern.

6.2 Inanspruchnahme von Beratung

- https://www.bdu.de – Webseite des Bundesverbandes Deutscher Unternehmensberater e. V.
- https://www.bfbm.de – Informationen des Bundesverbandes der Frau in Business und Management e. V. (B.F.B.M).
- https://www.bmbf.de – Homepage des Bundesministeriums für Bildung und Forschung (Forschungsförderung).
- https://www.foerderdatenbank.de – Die Förderdatenbank des Bundeswirtschaftsministeriums informiert über die aktuellen Förderprogramme des Bundes, der Länder und der EU (Aktualisierung findet alle 14 Tage statt).
- https://www.deutsches-ausschreibungsblatt.de – Onlinerecherche zu ausgeschriebenen öffentlichen Aufträgen.
- https://www.business-angels.de – Kontaktvermittlung zwischen Gründern und Business Angels, die gegen eine Unternehmensbeteiligung ihr Privatvermögen und ihr Know-how in junge Gründer mit Potenzial investieren.
- https://www.diht.de – Seite des Deutschen Industrie- und Handelskammertages. Bietet u. a. Infos zur Unternehmensgründung, -führung und -nachfolge.
- https://www.dbsh.de – Deutscher Berufsverband für Soziale Arbeit e. V. – DBSH.
- https://www.existenzgruenderinnen.de – Das Bundesministerium für Wirtschaft und Energie bietet in Zusammenarbeit mit der bundesweiten Gründerinnenagentur (bga) Gründungsinformationen, Arbeitshilfen, Veranstaltungshinweise, Beratungsrecherche usw.
- https://www.franchise-net.de – Angebote für potenzielle Franchisenehmer.
- https://www.freie-berufe.de – Informationen des Bundesverbandes der Freien Berufe e. V.
- https://www.fuer-gruender.de – Informationen, Tools und Hilfestellung für Existenz- und Unternehmensgründer.
- https://www.genios.de – Datenbank zur Konkurrenz- und Marktbeobachtung (ca. 1000 Datenbanken und mehrere Millionen Firmenprofile).
- https://www.gruenderinnenzentrale.de – Orientierung, Information und Vernetzung für Frauen, die sich selbstständig machen wollen.
- https://www.gruendung-bw.de – Informations-, Beratungs- und Kommunikationsplattform für Gründer und Unternehmer in Baden-Württemberg.
- https://www.gruendungswerkstatt-deutschland.de – Information über alle wichtigen Themen der Existenz- und Unternehmensgründung.
- https://www.kfw.de – Homepage der Kreditanstalt für Wiederaufbau, größte nationale Förderbank, zusätzlich Informationen über alle wichtigen Themen der Existenz- und Unternehmensgründung.

- https://www.ms.niedersachsen.de – Niedersächsisches Netzwerk „Gründerinnen kompetent beraten".
- https://www.nbank.de – Förderung der Integration von Frauen in den Arbeitsmarkt (FIFA); Beratung und Qualifizierung von Existenz- und Unternehmensgründerinnen.
- https://www.nexxt-change.org – Initiative zur Unternehmensnachfolge des Bundesministeriums für Wirtschaft und Technologie.
- https://www.startothek.de – bietet Unterstützung im Erstellen eines rechtssicheren und individuellen Leitfadens für jedes Gründungsvorhaben.
- https://www.weiberwirtschaft.de – Europas größtes genossenschaftlich organisiertes Unternehmerinnenzentrum.

Gegebenenfalls können Sie auch auf die Hilfe eines sogenannten Business Angels zurückgreifen. Der Begriff „Business Angel" stammt aus den USA und wurde in der Filmindustrie geprägt. Der Begriff wird auf Privatinvestoren angewandt, die Kapital und Wissen an junge Unternehmer weitergeben und dafür am Geschäftserfolg beteiligt werden. Die meisten Business Angels sind keine Philanthropen, sondern wollen mit einem Unternehmen auf längere Sicht Geld verdienen. Viele geben sich aber auch mit niedrigen Renditen zufrieden, weil sie innovative soziale Vorhaben fördern wollen. Andere finden darin Befriedigung, ihr Wissen sozusagen als „smart money" weiterzugeben. Dies kann auch für Hochschullehrer oder Manager der Wohlfahrtspflege gelten, die Know-how zur Verfügung stellen können, wenn ein Existenz- und Unternehmensgründer sie für seine Idee begeistert.

6.3 Kollektive Gründung (Franchising und Beteiligung)

Angebote zu entwickeln und umzusetzen, ist arbeits- und zeitintensiv und treibt die Kosten in die Höhe. Aber nicht jeder Existenz- und Unternehmensgründer muss seine Idee von Grund auf neu konzipieren, sondern kann schon bestehende Konzepte aus anderen Regionen oder Ländern übernehmen.

Eine andere Möglichkeit besteht darin, kollektive Lösungen zu wählen und sich an schon erprobten Vorhaben z. B. in Form eines Franchise zu beteiligen. Das Franchising ist in den USA, aber auch in einigen unserer Nachbarländer stärker verbreitet als bei uns. Beim Franchising verfügt der Franchisegeber über ein Geschäftskonzept, das er an den Franchisenehmer verkauft. Der Franchisenehmer setzt das Konzept am lokalen Standort um. Er leistet eine Eintrittsgebühr und

6.3 Kollektive Gründung (Franchising und Beteiligung)

laufende Franchisegebühren. Der Vorteil für den Franchisenehmer besteht darin, dass er beim Aufbau seines Unternehmens vom Franchisegeber z. B. durch Schulungen und Marketingmaßnahmen unterstützt wird und schon etablierte Produkte oder Dienstleistungen vertreiben kann. Doch der Franchisenehmer übernimmt das unternehmerische Risiko. Er allein ist für den Erfolg seines Unternehmens verantwortlich.

Der Gründer, der als Franchise-, Lizenz- oder Kooperationspartner auftritt, kann ein bestimmtes Produkt oder eine bestimmte Dienstleistung unter Nutzung des Markennamens vertreiben und zahlt dafür eine Gebühr. Weiterhin muss er sich verpflichten, das eigene Unternehmen im Sinne des Gesamtsystems zu gestalten. Die Grenze zwischen selbstständigen und abhängigen Filialisten ist fließend.

Franchisegründungen sind erfolgreicher als unabhängige Gründungen, wie eine Studie des internationalen Zentrums für Franchising und Kooperation der Universität Münster zeigt (Abb. 6.4):

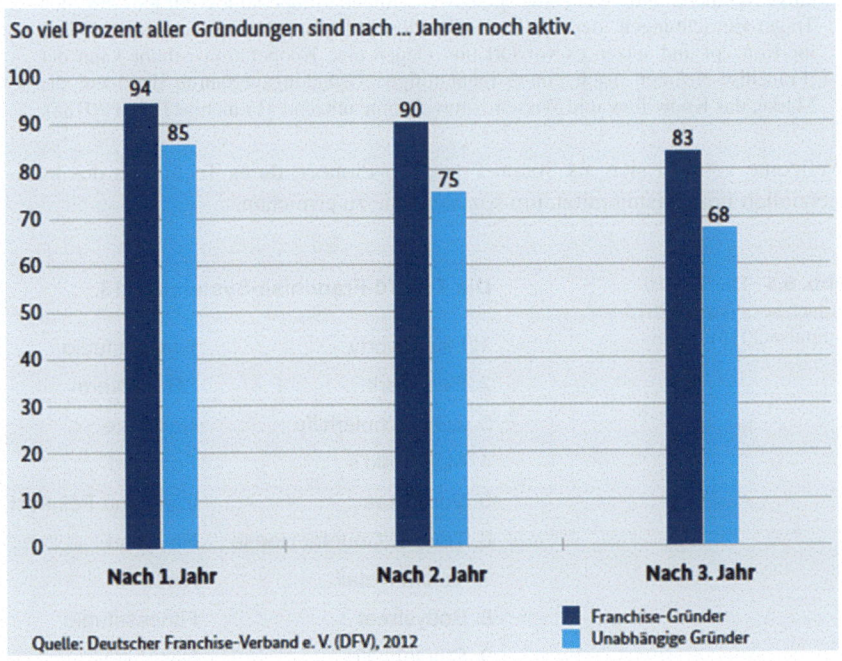

Abb. 6.4 Erfolg von Franchisegründungen (BMWi 2012, S. 6)

In der Sozialwirtschaft ist das Franchising noch nicht sonderlich verbreitet. Doch erste Ansätze finden sich im Bildungs-, Gesundheits-, Wellness- und Pflegebereich. So steht das Unternehmen ZGS Schülerhilfe auf Platz 3 der Top 10 der Franchisesysteme 2013 (Abb. 6.5).
Ein Beispiel aus dem Gesundheitsbereich ist das Projekt wellcome.

„Ihr Angebot ‚wellcome – Praktische Hilfe nach der Geburt' verbreitet die gemeinnützige wellcome GmbH über das Social Franchise-Konzept. ‚Franchise-Geberin' für die wellcome-Teams bundesweit ist die wellcome gGmbH. Sie verantwortet die Multiplikation, die Weiterentwicklung, die zentrale Öffentlichkeitsarbeit und besitzt die Markenrechte an wellcome. Die ‚Franchise-Nehmer', bei wellcome Kooperationspartner genannt, verantworten die Arbeit vor Ort. Sie sind Einrichtungen der freien Jugendhilfe und arbeiten auf vielen anderen Feldern bereits professionell mit jungen Familien: Das können Familien-Bildungsstätten sein, Mehrgenerationenhäuser, Mütterzentren, Beratungsstellen etc.

Methodisch funktioniert Social Franchise in weiten Teilen wie kommerzielles Franchise. Doch es gibt entscheidende Unterschiede. Beim Social Franchise gibt es keine gewinnorientierte Verbindung zwischen ‚Franchise-Geber' und ‚Franchise-Nehmer'. Die wellcome gGmbH schließt Kooperationsverträge mit den Träger-Einrichtungen der wellcome-Standorte. Diese übernehmen das wellcome-Konzept und setzen es vor Ort um. Gegen eine Kooperationsgebühr kann der ‚Franchise-Nehmer' nach einem mehrstufigen Gründungsverfahren die Idee, die Marke, das Know-how und Wissen von wellcome nutzen." (Franchise Portal 2018a).

Wellcome versteht sich als Social Franchise Pioneer, da es Techniken des kommerziellen Franchising nutzt, um soziale Ziele zu erreichen.

Abb. 6.5 Die Top-10-Franchise-Systeme 2013 (impulse 2013)

Die Top-10-Franchise-Systeme 2013

1. Mrs. Sporty	Fitnessstudio
2. Backwerk	SB Bäckerei
3. ZGS Schülerhilfe	Nachhilfe
4. McDonald's	Fastfood
5. Vom Fass	Wein und Feinkost
6. Town & Country House	Hausbau
7. Valora Retail	Kiosk
8. Bodystreet	Fitnessstudio
9. Studienhilfe	Nachhilfe
10. Joey's Pizza	Pizzaservice

6.3 Kollektive Gründung (Franchising und Beteiligung)

Auch das Feld der Dienstleistungen für eine älter werdende Bevölkerung bietet neue Zugänge, wie im folgenden Beispiel, in dem sich ein Franchisepartner vorstellt, gezeigt wird:

„Die Firma Senioren Service ProVita24 wurde im Jahre 2008 gegründet und hat sich zur Aufgabe gemacht, die verschiedensten Dienstleistungen für die ältere Generation anzubieten. Zu ihren Angeboten gehören Unterstützung im Haushalt, Hausmeisterdienste, Begleitdienste, Persönliche Betreuung, Haustierbetreuung, 24 Std.-Betreuung. Mit einem Erwerb einer Lizenz bekommt der Lizenznehmer neben dem seniorenbezogenen Know-how eine einmalige, komplette und personalisierte Vollausstattung zum baldmöglichsten Beginn für die zukünftige Geschäftstätigkeit. Laufende Leistungen sind Marketing, Vertrieb, Ausbildung, Weiterbildungen und Hotline Service. Im Jahr 2015 ist das Lizenz-System Sencurina aus dem 2008 gegründeten ‚Seniorenservice ProVita24' hervorgegangen. Bei den Betreuungs- und Pflegekräften arbeitet Sencurina mit Pflegeagenturen im EU-Ausland, sogenannten Entsendeunternehmen, zusammen. Die Kräfte stammen insbesondere aus Polen, aber auch aus Tschechien, Litauen, Rumänien und Ungarn. Nach vier Standorteröffnungen im vergangenen Jahr bleibt Sencurina auch 2018 auf Expansionskurs. Alleine im Mai gingen zwei neue Lizenz-Nehmer an den Start. Seit Jahresanfang waren es bereits sechs. Insgesamt listet das Unternehmen aktuell 53 Standorte auf seiner Website." (Franchise Portal 2018b).

Wenn Sie sich mit einem Franchisekonzept selbstständig machen wollen, sollten Sie die Fragen in Abb. 6.6 beantworten und sich somit mit dem Angebot auseinandersetzen (Abb. 6.6).

Eine dem Franchising ähnliche Funktion übernehmen in der Sozialwirtschaft die Spitzenverbände der freien Wohlfahrtspflege, zu denen viele kleine Träger im sozialen Bereich gehören. In den Spitzenverbänden der freien Wohlfahrtspflege ist es z. B. Aufgabe von Referenten, Veränderungen in der Förderstruktur zu beobachten und Informationen für ihre Mitgliedsorganisationen entsprechend aufzubereiten. Es kann also überaus sinnvoll sein, sich unter das Dach eines der Verbände zu begeben und die Ressourcen der Verbände zu nutzen, wobei gleichzeitig zu beachten ist, dass eine Verbandszugehörigkeit oftmals mit einer Begrenzung der unternehmerischen Freiheit verbunden ist.

Neben dem Franchising bieten sich als weitere kollektive Lösungen die Beteiligung an einer bestehenden Einrichtung oder die Gründung mit Partnern an, um durch das Know-how und die Kontakte der Partner das eigene Wissen zu ergänzen und so das Risiko zu vermindern.

Eine weitere Möglichkeit ist die Betriebsübernahme, z. B. die Praxisübernahme eines Heilpraktikers. Hier stellt sich die Frage, ob der Existenz- und Unternehmensgründer genügend Kapital hat, um den Betrieb zu übernehmen.

Ist das Paket hieb- und stichfest?	Ja	Nein
• Passen die Idee, das Produkt, die Dienstleistungen, der Franchisegeber und das System zu Ihnen? • Ist Erfahrung erforderlich? • Verpflichtet sich der Franchisegeber vor und nach Beginn Ihrer Selbstständigkeit zu Schulungen (wenn ja, welche)? • Steht der Franchisegeber zu Beginn und künftig mit Rat und Tat zur Seite? (Ist er jederzeit gut erreichbar?) • Unterstützt der Franchisegeber durch komplette Betriebsvorbereitung/schlüsselfertige Übergabe? • Bietet der Franchisegeber laufende Serviceleistungen an (wenn ja, welche)? • Sind die Werbung und die Verkaufsförderung effizient? • Ist im Vertrag verbrieft, was versprochen wird? • Weist der Franchisegeber die Eintragung von gewerblichen Schutzrechten (Marke, Warenzeichen, Dienstleistungsmarke, Wort-/Bildzeichen usw.) nach? • Existiert ein umfangreiches Handbuch zur Betriebsführung? • Gibt es im System institutionalisierte Franchisenehmer-Gremien (Beiräte, Erfahrungsaustauschgruppen, Ausschüsse usw.)? • Haben Sie genügend Zeit, den Franchisevertrag vor Ihrer Unterschrift zu prüfen (mit fachkundigem Rechtsanwalt)?		

Welche Vorteile/Stärken hat das System im Markt, im Verkauf und Einkauf?	Ja	Nein
• Sind die Produkte/Dienstleistungen im Markt gut positioniert? • Haben die Produkte/Dienstleistungen Konkurrenzvorsprung/Alleinstellungsmerkmale? • Sind diese geschützt? • Gibt es rechtliche Verbote/Hindernisse? • Gibt es Bezugspflichten/Sortimentsbindungen für Waren? (In welchen Intervallen?/Zu wie viel Prozent?) • Gibt es Preisvorschriften (wenn ja, welche)?		

Abb. 6.6 Fragebogen Franchisekonzept (BMWi 2012, S. 4–5)

6.3 Kollektive Gründung (Franchising und Beteiligung)

Situation des Franchisegebers	Ja	Nein
<ul><li>Ist der Franchisegeber schon länger im Geschäft/am Markt?</li><li>Ist das Management gut? Ist viel Erfahrung vorhanden?</li><li>Ist die Kapitalausstattung des Franchisegebers ausreichend? Sind dessen persönliche Verhältnisse in Ordnung? Ist das Firmenimage gut?</li><li>Hat das System viele Franchisenehmer?</li><li>Sind die Franchisenehmer bereits lange tätig? (Oder gibt es eine hohe Fluktuationsrate?)</li><li>Ist der Franchisegeber Mitglied im Deutschen Franchiseverband (DFV)?</li><li>Hat der Franchisegeber den DFV-Systemcheck absolviert?</li><li>Handelt es sich um ein geprüftes System des DFV?</li><li>Verfügt das System über das DFV-Sicherheitssiegel?</li><li>Gibt es einen oder mehrere Pilotbetriebe?</li><li>Legt der Franchisegeber seine Partnerliste offen und ermöglicht er Kontakt zu seinen Franchisenehmern?</li><li>Führt der Franchisegeber eine unabhängige Franchisenehmer-Zufriedenheitsanalyse durch und ermöglicht er Ihnen Einblick in die Ergebnisse?</li><li>Weist der Franchisegeber die (Wettbewerbs-)Vorteile seines Systems nach?</li></ul>		

Stimmt das Zahlenwerk?	Ja	Nein
<ul><li>Werden Sie genügend verdienen?</li><li>Sind im Zahlenwerk alle Kosten enthalten, auch kalkulatorische?</li><li>Ist die Anlaufzeit/Durststrecke für Sie akzeptabel?</li><li>Sind die Eintritts- und laufenden Gebühren transparent, akzeptabel und leistbar?</li><li>Werden Extrazahlungen verlangt (z. B. für Werbung)?</li><li>Ist in der Investitionsaufstellung eine Reserve enthalten?</li><li>Werden die Zahlen des Pilotbetriebs offengelegt?</li><li>Werden Marktdaten zur Verfügung gestellt?</li><li>Weist der Franchisegeber aus, welchen Leistungsbeitrag er für Werbung zur Verfügung stellt?</li></ul>		

Abb. 6.6 (Fortsetzung)

Standort und Finanzierung	Ja	Nein
• Hilft der Franchisegeber bei der Standortsuche? • Erstellt er eine Standortanalyse? • Hilft er bei der Beschaffung eines Ladenlokals? • Stimmt das Miete-Umsatz-Verhältnis? • Werden für Gründungen von Franchisenehmern dieses Franchisesystems in aller Regel Förderkredite oder Bürgschaften der Bürgschaftsbanken bewilligt? • Hat der Franchisegeber ein Finanzierungsmodell?		

Wichtige weitere Vertragspunkte	Ja	Nein
• Ist das Franchiseangebot für Ihre Existenzsicherung ausreichend? • Kann das Franchiseunternehmen nur als Hauptexistenz betrieben werden? • Kann das Franchiseunternehmen auch als Nebenerwerb betrieben werden? • Erhalten Sie Gebietsschutz? • Können Sie später ggf. expandieren? Dürfen Sie mehr als eine Nehmerlizenz erwerben? • Ist die Vertragsdauer akzeptabel? • Sind die Kündigungsbedingungen/-fristen klar festgelegt und akzeptabel? • Gibt es eine Verlängerungsoption? • Ist eine Konkurrenzklausel vorgesehen? • Gibt es Regelungen zur Veräußerung des Franchiseunternehmens? • Sind Mechanismen zur Streitschlichtung vorgesehen?		

Abb. 6.6 (Fortsetzung)

Außerdem spielen die Zukunftsperspektive, der Wert des Unternehmens, die Qualifikation der Mitarbeiter der Zustand der Räumlichkeiten, die Substanz der Anlagewerte etc. eine wesentliche Rolle bei der Betriebsübernahme. Ein wesentlicher Vorteil einer Übernahme ist, dass der Erwerber eine vorhandene Struktur mit Kundenstamm übernehmen kann. Als Nachteil ist zu vermerken, dass er ein höheres Risiko trägt, da der Kaufpreis höher ist und er Verpflichtungen des Verkäufers wie Verträge, Kundenforderungen, Schadensersatzansprüche etc. übernimmt. Diese Schuldübernahme kann nicht durch eine Klausel im Kaufvertrag ausgeschlossen werden, sondern muss extra im Handelsregister eingetragen und bekanntgemacht werden. Da der Erwerber auch in die Arbeitsverträge der Mitarbeiter eintritt, kann er diese nicht wegen der Übernahme des Betriebs kündigen. Des Weiteren haftet der Erwerber gegenüber dem Finanzamt für nicht gezahlte Umsatzsteuer und nicht oder nicht vollständig abgeführte Lohnsteuer sowie gegenüber der Gemeinde für nicht gezahlte Gewerbesteuer. Diese Haftung reicht bis zu dem Kalenderjahr zurück, das vor dem Erwerbsjahr liegt und kann nicht ausgeschlossen werden. Deshalb sollte der Käufer vom Verkäufer verlangen, dass er vom Finanzamt und der Gemeinde Bescheinigen ausstellen lässt, dass die fälligen Umsatzsteuervoranmeldungen und Lohnsteueranmeldungen abgegeben worden sind.

6.4 Individuelle Neugründung

Der am häufigsten gewählte Weg der Existenz- und Unternehmensgründung ist die individuelle Neugründung mit einer innovativen Unternehmensidee. Wenn eine kollektive Gründung verworfen wird, z. B. weil im Franchisesystem oder in der Gründung mit Partner(n) die individuelle Unabhängigkeit nicht gewährleistet scheint, bietet sich als Alternative die individuelle Neugründung mit einer innovativen Geschäftsidee an.

Innovationen können auf fünf Ebenen erfolgen (Beckers 2007):

1. **Räumliche Innovation:** Ein bereits erprobtes Produkt wird für einen anderen geografischen Markt adaptiert.
2. **Zielgruppenbezogene Innovation:** Ein bereits erprobtes Produkt wird für eine andere Zielgruppe adaptiert.
3. **Prozessinnovation:** Ein bereits erprobtes Produkt wird durch neue Prozesse günstiger, schneller, komfortabler, besser verkauft.
4. **Produktinnovation:** Ein neues Produkt wird eingeführt, das bereits markterprobte Bedürfnisse befriedigt.
5. **Bedarfsinnovation:** Die Geschäftsidee zielt darauf ab, völlig neue Kundenbedürfnisse zu befriedigen, für die es vorher noch keinen Markt gab.

Im Folgenden werden innovative Beispiele vorgestellt. Ein Beispiel für räumliche Innovationen aus der Behindertenhilfe sind Cap-Märkte:

„CAP ist ein deutsches Handelsunternehmen mit Hauptsitz in Stuttgart. In den Märkten arbeiten Menschen mit und ohne Behinderungen gemeinsam. Der Name leitet sich von Handicap ab, der englischen Bezeichnung für Benachteiligung. Betrieben werden CAP-Märkte in der Regel von örtlichen Integrationsunternehmen oder Werkstätten für behinderte Menschen im Rahmen eines Social Franchisings. In Deutschland gibt es über 100 Filialen (Stand: 23. Mai 2018) mit Marktgrößen zwischen 200 und 1500 m^2. Die Konzeption geht auf die Gemeinnützige Werk- und Wohnstätten GmbH (GWW) zurück und wird seit 2001 von der in Stuttgart ansässigen Genossenschaft der Werkstätten für behinderte Menschen Süd eG (GDW Süd) verantwortet." (gdw süd 2018).

Ein Beispiel für zielgruppenbezogene Innovation sind Bücher in leichter Sprache, die für Menschen mit Behinderung entwickelt wurden und Flüchtlingen zur Verfügung gestellt werden:

„Bücher und andere Angebote in leichter Sprache gewinnen an Bedeutung, schätzt die Geschäftsführerin des Vereins Netzwerk Leichte Sprache, Gisela Holtz. Dies liege einerseits daran, dass Behörden mit Blick auf die UN-Behindertenrechtskonvention ihre Bürokratensprache nach und nach in einfach verständliche Sätze zu übersetzen versuchen. Außerdem könnten Texte in leichter und einfacher Sprache, deren Regelwerk das Münsteraner Netzwerk seit 2006 herausgibt, bei der Integration von Flüchtlingen helfen. ‚Bücher in leichter Sprache sind für Menschen gedacht, die ernste Probleme haben, „normale" Texte zu lesen und zu verstehen', erklärt Koordinatorin Lena Schulz von den Städtischen Bibliotheken Dresden." (Weckbrodt 2016).

Beispiele für Prozessinnovationen finden sich z. B. im Gesundheitswesen.

Ein enormer Produktivitäts- und Wirtschaftlichkeitsdruck zwingt speziell die Krankenhäuser zur professionell-prozessbezogen organisierten Dienstleistungsproduktion. Heimbach nennt als Beispiel den Aufbau eines zentralen Aufnahme- und Belegmanagements (Heimbach 2010).

Beispiele für Produktinnovationen finden sich im Zuge der Digitalisierung in der Sozialen Arbeit. Ein Beispiel ist das Ambient Assisted Living (AAL):

Ambient Assisted Living erleichtert den Alltag. Konkret kann das so aussehen: Im Schlafzimmer analysiert die mit Sensoren ausgestattete Matratze die Gründe für einen unruhigen Schlaf. Zudem ist sie mit einer Aufstehhilfe ausgestattet. Die Schublade des Nachtkästchens auf Armhöhe leuchtet auf und erinnert an die Einnahme von Medikamenten. Die Technik registriert, ob die Schublade und die Pillendose geöffnet wurde und speichert die Handlung für den Pflegedienst. LED-Bänder weisen im Dunkeln den Weg. Im Badezimmer erfasst der Spiegel Blut- und Zuckerwerte sowie Gewicht. In der Toilette ist eine Intimpflege integriert und der Fußboden würde im Falle eines Sturzes Hilfe rufen. Kehrt man in der Nacht nach einem Toilettengang nicht zurück ins Bett, kann das ebenfalls auf einen Sturz hinweisen und das System schlägt nach eingestellter Zeit Alarm. In der Küche verhindern Zeitschaltuhren das Überhitzen von Herdplatten, was Brände verhindern kann. Auch der offene Kühlschrank wird registriert und über eine Leuchte gemeldet. Sensoren in der Kühlschranktür können zudem erfassen, ob die Person regelmäßig Nahrung zu sich nimmt. Über Tablets können Raumdüfte und Wassertemperaturen eingestellt oder die Haustür geöffnet werden. (UKV 2018).

Ein Beispiel für Bedarfsinnovationen sind digitale Bildungsangebote für Menschen mit Beeinträchtigung, die vom Forschungslab digitale Bildungsangebote für Menschen mit Beeinträchtigung der Ostfalia und der gdw Nord auf den Weg gebracht werden.

Forschungslab digitale Bildungsangebote für Menschen mit Beeinträchtigung
Im Forschungslab wird der Bildungsbedarf von Menschen mit Beeinträchtigungen erfasst und im Kontext der Inklusionsdiskussion werden diese Bildungsangebote auf den Weg gebracht. Dies Angebote können somit passgenau den Menschen mit Beeinträchtigungen zugutekommen. Die Bildungsvermittlung soll über PCs, Tablets oder Smartphones erfolgen und richtet sich an Menschen mit Beeinträchtigungen, die in Werkstätten für behinderte Menschen (WfbM) arbeiten. Die Berufsbildungsbereiche und Arbeitsbereiche in den Werkstätten werden durch digitale Bildung unterstützt. Im Sinne des Ziels der UN-Behindertenrechtskonvention, welche die Stärkung der Inklusion und Partizipation von Menschen mit Beeinträchtigungen fordert, steht im Fokus dieses Vorhabens die Autonomieerhöhung von Menschen mit Beeinträchtigungen im Sinne einer Inklusionsunterstützung zur Förderung der Übergänge aus der WfbM in den allgemeinen Arbeitsmarkt. Durch die Nutzung digitaler Bildungsangebote haben Menschen mit Beeinträchtigungen mehr Möglichkeiten in der selbstbestimmten Informationsbeschaffung. Ein Resultat des Forschungslabs ist das Projekt „digital dabei". Kern dieses Projekts ist eine Lernplattform, die an die Nutzungsbedürfnisse der Zielgruppe angepasst wird. Dabei sind die Leichte Sprache sowie intuitive Bedienungs- und Unterstützungssysteme wichtig.

„digital dabei" verfolgt einen ganzheitlichen Ansatz; im Vordergrund steht das Lernen in allen Bereichen des täglichen Lebens der Zielgruppe. Die Lerneinheiten werden nach Interesse des Nutzers frei ausgewählt. Bereits existierende digitale Bildungsangebote grenzen durch ihren häufig komplexen Aufbau und ihre wissenschaftliche Sprache die Zielgruppe aus. Es werden barrierefreies Handling und Inhalte, die an die Bedarfe der Zielgruppe angepasst sind, verbunden. Grundlage der Themengebiete stellt die vorangegangene Erforschung der Bildungsbedarfe dar. Folgende Themengebiete wurden dabei erfasst:

- Digitale Medien (Soziale Netzwerke, Umgang mit Software, …);
- Umgang mit Geld (Vermeidung von Schulden, Wertigkeit des Geldes, Sparen, …);
- Soziale Kompetenzen (Freundschaft/Partnerschaft, Umgang mit Konflikten, Umgang mit Behörden, …);
- Arbeit und Bildung (Bewerbungen schreiben, Außenarbeitsplätze, Umgang mit Arbeitsgeräten, …);
- Freizeit und Wissen (Informationen über regionale Angebote, über Tiere und Pflanzen, Erlernen Fremder Sprachen, …);
- Selbstständigkeit (Mobilität, Haushaltsführung, Reisen, …) sowie
- Gesundheit und Ernährung (Gesunde Ernährung, Kochen leicht verständlich, Umgang mit Stress, …).

Die Lerneinheiten werden nach dem Ansatz, Komplexität zu reduzieren und dabei den Menschen als vollwertigen Erwachsenen wahrzunehmen, erstellt. Denn auch ein erwachsener Mensch mit Behinderung muss die Möglichkeit haben, passgenaue Angebote zum Erlernen von basalem Wissen zu erhalten.

6.5 Ideenfindungstechniken

Ob ein neues Unternehmen nun individuell oder zusammen mit Partnern gegründet wird, es ist immer hilfreich, Ideen nicht allein zu entwickeln, sondern sich zumindest zeitweise Unterstützung von einer Gruppe zu holen. Man geht davon aus, dass eine Gruppe mehr Ideen produziert, weil das Problem aus verschiedenen Kenntnis- und Erfahrungsbereichen betrachtet wird und so durch gegenseitige Stimulation mehr Ideen und Vorschläge entwickelt werden.

6.5 Ideenfindungstechniken

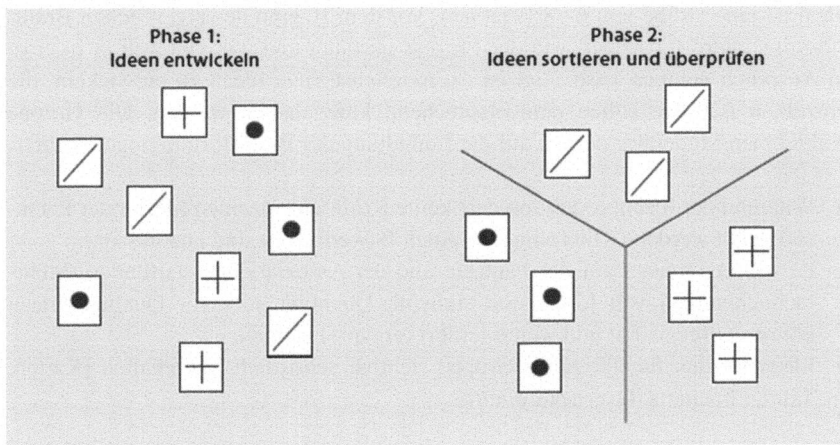

Abb. 6.7 Phasen der Ideenentwicklung. (Eigene Darstellung)

Zur Entwicklung neuer Angebote können unterschiedliche Ideenfindungstechniken eingesetzt werden. Im Folgenden werden die Techniken Brainstorming und Brainwriting in Gruppen vorgestellt. Bei beiden Techniken wird die Phase der Ideenentwicklung von der Phase der Ideenbewertung getrennt, damit ungewöhnliche neue Ideen nicht von vornherein blockiert werden. In der Ideenfindungsphase soll kreativ „gesponnen" oder assoziiert und auch neue ungewöhnliche Wege angedacht werden. In einer zweiten Phase werden die Ideen sortiert und auf ihre Realisierbarkeit überprüft (Abb. 6.7).

Die Wahl der Methode ist abhängig von der Ideenfindungsgruppe und den verfolgten Zielen. Während sich beim Brainwriting alle Teilnehmer gleichberechtigt beteiligen können und Hierarchieunterschiede sowie das Temperament der Teilnehmer eine untergeordnete Rolle spielen, können beim Brainstorming aktive Teilnehmer in der Regel mehr Ideen entwickeln und somit zwar kreativ und anregend, aber auch dominierend wirken.

6.5.1 Brainstorming

Beim Brainstorming äußern die Mitglieder einer (möglichst heterogenen) Ideenfindungsgruppe einzeln und verbal ihre Lösungsideen zu einem Existenz- und Unternehmensgründungsvorhaben. Die Gruppe sollte nicht zu groß werden, ideal ist eine Größe von 6—8 Personen. Vor dem Beginn des eigentlichen Brainstormings wird festgelegt, wie der Prozess gestaltet und wie viel Zeit er in etwa in Anspruch nehmen wird. Ziel ist es, möglichst viele Ideen zu entwickeln, die einzelnen Beiträge sollen dementsprechend kurzgehalten werden. Die Gruppe wählt einen Moderator der/die auf die Einhaltung der Brainstormingregeln achtet:

- Während der Ideenproduktion darf keine Kritik an einzelnen Ideen oder Personen geübt werden (Killerphrasen). Auch Bewertungen sind unzulässig.
- Es soll ein freier Lauf der Fantasie und der Assoziationen stattfinden, Mehrfachnennungen von Ideen sind sinnvoll. Quantität geht vor Qualität. Ideen können aufgegriffen und weitergeführt (ergänzt) werden.
- Ideen werden für die ganze Gruppe sichtbar schriftlich festgehalten (Karten, Tafel, Flipcharts, Overheadfolien).

Der Moderator hält den Ideenfluss am Laufen, sorgt für die Einhaltung der Regeln und stoppt, wenn der Ideenfluss versiegt. Das Brainstorming sollte nicht zu lange dauern, jedoch so lange, bis der Ideenfluss versiegt. Danach erfolgt eine kurze Pause.

In einem weiteren Schritt werden die Ideen durch dasselbe oder ein anderes Team sortiert. und auf ihre Brauchbarkeit hin bewertet.

Eine Aufteilung ist nach den folgenden Kriterien möglich:

- unmittelbar für ein Existenz- und Unternehmensgründungsvorhaben verwertbare Ideen;
- Ideen, die weiterentwickelt werden können;
- Idee für Neugründung geeignet;
- Idee für Franchising geeignet;
- Idee für Beteiligung geeignet;
- unbrauchbare Ideen.

6.5.2 Brainwriting

Beim Brainwriting schreibt jedes Mitglied der Ideenfindungsgruppe die eigenen Ideen bzw. Lösungsalternativen auf ein Blatt Papier (oder einen speziell vorbereiteten Vordruck) und reicht es weiter.

Arbeitsblatt
Eine Abwandlung des Brainwriting ist auch als *Methode 635* bekannt: Hier schreibt jedes Gruppenmitglied einer sechsköpfigen Gruppe drei Ideen auf einen

6.5 Ideenfindungstechniken

Arbeitsblatt

Aufgabenstellung		Blatt Nr.:
		Datum:
_____		
_____		

Abb. 6.8 Arbeitsblatt für die Brainwriting-Methode. (Eigene Darstellung)

Vordruck, der dann fünf Mal weitergegeben wird. Jeder Teilnehmer schreibt in die ersten Zeilen drei Ideen. Die Bögen werden im Uhrzeigersinn weitergereicht. Jeder kann sich nun von den Ideen des Vorgängers inspirieren lassen, sie ergänzen und weiterentwickeln oder neue Ideen entwerfen. Die Arbeitsbögen werden so lange weiter herumgereicht, bis jeder Teilnehmer auf jedem Arbeitsblatt Ideen vermerkt hat. Anschließend werden wie beim Brainstorming die Ideen diskutiert und von derselben oder einer anderen Gruppe systematisch ausgewertet (Abb. 6.8).

Die Ideenfindungstechniken sollten regelmäßig eingesetzt werden, um die Geschäftsidee zu modifizieren und neue Anregungen einfließen zu lassen. Dabei sollte der Existenz- und Unternehmensgründer das Anliegen einbringen. Da er in der Regel schon feste Vorstellungen von seinem Vorhaben hat, sieht er oftmals „den Wald vor lauter Bäumen nicht". Die Ideenfindungsgruppe kann wertvolle kreative Anregungen liefern, die es in einem zweiten Schritt zu kategorisieren und zu bewerten gilt.

6.5.3 Bewertung der Geschäftsidee

Um aus der Fülle der Ideen diejenigen auszuwählen, die realisierbar sind, werden von der Ideenfindungsgruppe Kriterien formuliert (Muss- und Sollanforderungen), auf deren Grundlage die Ideen bewertet werden. Mussanforderungen sind zwingend zu erfüllen, bei den Sollanforderungen handelt es sich um Ermessensfragen.

Ideen, die die gewählten Mussanforderungen (z. B. „Gibt es einen Markt für die Idee?") nicht erfüllen, scheiden aus. Die übrig gebliebenen Ideen werden anhand der von der Gruppe aufgestellten Sollanforderungen (vorhandene oder benötigte Ressourcen wie Personen, Sachen, Finanzen etc.) auf ihre Realisierbarkeit überprüft.

Arbeitsblatt zur Geschäftsidee			
Sollanforderungen	Gegeben	Nicht gegeben, aber realisierbar	Nicht gegeben und nicht realisierbar
Personen			
Sachen			
Zeit			
Finanzen			
Sonstiges			

Abb. 6.9 Vorschlag für ein Arbeitsblatt zur Bewertung der Geschäftsidee. (Eigene Darstellung)

Jede einzelne Anforderung wird eingeteilt in:

- bereits gegeben,
- nicht gegeben, aber realisierbar,
- nicht gegeben und nicht realisierbar (Abb. 6.9).

6.5.4 „Der heiße Stuhl"

Zur weiteren Überprüfung der Geschäftsidee bietet sich die Technik des „heißen Stuhls" an. Hierbei übernimmt eine Person die Rolle des Vertreters einer der ausgewählten Ideen und wird von den Gruppenmitgliedern befragt, um Unklarheiten und Widersprüche zu klären. Anhand dieser Fragen wird die Geschäftsidee weiter geprüft und konkretisiert. Ähnlich wie beim Kreuzverhör werden logische Brüche

6.5 Ideenfindungstechniken

und Schwierigkeiten bei der Umsetzung der Idee deutlich. Mögliche Fragen und Anregungen finden Sie in der Abb. 6.10 und konkretere Fragen zur Geschäftsidee in der Abb. 6.11.

Während in der ersten Bewertungsphase auf der Grundlage der Kenntnisse und Fähigkeiten der Ideenfindungsgruppe eine erste Grobauswahl erfolgte, sollte in einem zweiten Schritt eruiert werden, ob die Geschäftsidee realisiert werden kann.

Im sozialen Bereich gibt es viele sinnvolle Ideen für eine Existenz- oder Unternehmensgründung, die allerdings nicht realisiert werden können, weil die

Wann?	Was für ein nicht?	Womit?	Wozu?
Wann nicht?	Was für eine?	Womit nicht?	Wozu nicht?
Warum?	Was für eine nicht?	Worin?	Mit wem nicht?
Warum nicht?	Was für welche?	Worin nicht?	Worüber?
Was?	Was für welche nicht?	Wem?	Worüber nicht?
Wen?	Was nicht?	Wem nicht?	Wovon?
Wen nicht?	Durch was?	Mit wem?	Wohin?
Für wen?	Durch was nicht?	Woher nicht?	Wohin nicht?
Für wen nicht?	Was für ein?	Wie lange?	Nicht alle?
Wer?	Wer nicht?	Wie lange nicht?	Keine?
Wie lange	Weshalb?	Mehr?	Wichtig?
Wieso?	Weshalb nicht?	Nicht mehr?	Nicht wichtig?
Wie viele?	Wessen?	Öfter?	Wieder?
Wie weit?	Wessen nicht?	Nicht öfter?	Nicht wieder?
Wie weit nicht?	Wie?	Weniger?	Wie oft?
Wo?	Wie nicht?	Nicht weniger?	Wie oft nicht?
Wo nicht?	Wie sehr?	Alle?	Wie viel?
Woanders?	Wie sehr nicht?	Wovon nicht?	

Abb. 6.10 Vorschläge für Fragen für „Der heiße Stuhl". (Eigene Darstellung)

Was?	Was ist gemeint, passiert, gewollt, eingetreten, geschehen?
	Was bietet sich an, wurde bereits getan, wurde geplant?
	Was erschwert die Umsetzung?
	Was ist unklar, welche Informationen fehlen?
Wie?	Wie groß ist der Kundenkreis?
	Wie stark ist die Konkurrenz?
	Wie sind die Zukunftsaussichten?
	Wie könnte die Entwicklung im gewählten Sektor aussehen?
	Wie wird sich die Nachfrage entwickeln? (Handelt es sich nur um eine Mode oder erfolgt die Nachfrage aufgrund eines kurzfristigen Förderprogramms?)
	Wie lange können Sie einen Vorsprung durch einen zusätzlichen Nutzen, eine zusätzliche Leistung oder eine besondere Attraktivität halten?
Wer?	Wer ist als Kunde zu gewinnen?
Wann?	Wann soll mit dem Unternehmen begonnen werden, zu welchem Zeitpunkt?
Welche?	Welche Dienstleistung soll angeboten werden?
	Welche Nachfrage gibt es?
	Welche vergleichbaren Angebote gibt es, an denen Sie sich orientieren können?
	Welcher Standort wird gewählt?
	Welche Kosten entstehen mit der Gründung und in der ersten Zeit der Tätigkeit?
	Welches Startkapital wird gebraucht – wer bringt es auf?
	Welche finanziellen Hilfen sind möglich und an welche Bedingungen sind sie geknüpft?
	Mit welchen Bereichen steht die Dienstleistung in Wechselwirkung?
	Welchen Umfang hat die Dienstleistung?
Weshalb?	Weshalb ist die Dienstleistung für die Kunden von Bedeutung?
Worauf?	Worauf kommt es besonders an?
Wie viele?	Wie viele Konkurrenten gibt es?
Warum?	Warum hat die Geschäftsidee auf dem Markt eine Chance?

Abb. 6.11 Fragen zur Geschäftsidee (Eigene Darstellung)

Sinnhaftigkeit für potenzielle Kostenträger nicht einleuchtend genug ist. Zur Implementierung eines Existenz- und Unternehmensgründungsvorhabens in der Sozialwirtschaft gehört deshalb auch der öffentliche und politische Einsatz, um potenzielle Kostenträger davon zu überzeugen, dass sie das, was vom Existenz- und Unternehmensgründer angeboten wird, auch benötigen. Hierfür muss sich der Existenz- und Unternehmensgründer in die Situation des Kostenträgers versetzen, seine Probleme analysieren und angepasste Lösungen entwickeln. Politische Überzeugungs- und Lobbyarbeit ist in der Sozialwirtschaft eine wesentliche Voraussetzung für den angestrebten Erfolg und daher unverzichtbar.

6.6 Marketing

Aufgabe des Marketings ist es, mithilfe einer Umfeld- und Marktanalyse maßgebliche Rahmenbedingungen zu erfassen und ein Marketingkonzept zur Leistungsausrichtung, Preisgestaltung, Distribution und Kommunikation (Marketingmix) zu entwickeln, um die Geschäftsidee umzusetzen.

6.6.1 Umfeld- und Marktanalyse

Mit einer Umfeld- und Marktanalyse wird untersucht, ob eine ausreichende Anzahl an Dienstleistungen vorhanden sind oder ob es Bedarfe gibt, die noch nicht entsprechend berücksichtigt sind, und ob sich eine Neugründung gegenüber der Konkurrenz behaupten kann. Die Umfeld- und Marktanalyse geht von den Ergebnissen einer Ist-Aufnahme aus und hat die Hauptaufgabe, Mängel und Schwachstellen sowie besondere Chancen der Rahmenbedingungen des Existenz- und Unternehmensgründungsvorhabens zu erkennen.

Aus der Vielzahl möglicher Techniken werden im Folgenden die *Checklistentechnik* zur Ist-Aufnahme und die *Stärken-Schwächen-Analyse* zur Ist-Analyse vorgestellt, da beide Techniken ohne größeren Aufwand zu praktizieren sind.

6.6.1.1 Ist-Aufnahme (Checklistentechnik)

Die Checkliste ist ein methodisches Hilfsmittel, um Rahmenbedingungen zu erfassen, die für Existenz- und Unternehmensgründungsvorhaben von Bedeutung sind. Das Umfeld wird nach den einzelnen Gliederungspunkten bestimmter maßgebender Faktoren erfasst. Abb. 6.12 zeigt eine Checkliste für das Gründungsprojekt einer Kindertagesstätte.

Die benötigten Informationen lassen sich durch Primärerhebungen (z. B. Befragungen) oder Sekundärerhebungen (z. B. Literaturanalyse) ermitteln.

6.6.1.2 Ist-Analyse (Stärken-Schwächen- und Konkurrenz-Analyse)

Ausgehend von der Ist-Aufnahme durch den Einsatz der Checklistentechnik werden durch die Stärken-Schwächen-Analyse die Schwachstellen, die den Erfolg

Checkliste für das Gründungsprojekt einer Kindertagesstätte
Checkliste Staat und Gesellschaft:
Politische Faktoren
• Sozialgesetzgebung
• Entwicklung der Staatsfinanzen von Bund, Ländern, Kommunen
• Erziehungspolitische Konzepte der Parteien
• „Politik" der Verwaltung
• Infrastruktur, Wohlfahrtsverbände, Schulpolitik
Gesellschaftliche Faktoren
• Wertewandel, gesellschaftliche Entwicklungen, Einstellung zu Erziehung und Familie, Erziehungskonzepte
• Freizeitverhalten
• Bevölkerungsentwicklung (Struktur, Wachstum, Ab- und Zuwanderung)
Wirtschaftliche Faktoren
• Wirtschaftswachstum, Lohn- und Gehaltsentwicklung
• Inflation
• Finanzkraft der privaten Haushalte
• Eigenanteil an den Kita-Gebühren
Checkliste Aufgabenumwelt:
Zielgruppe
• Kinder (Anzahl, Geschlecht, Altersstruktur, Nationalitäten, Behinderungen etc.)
• Familien (Sozialstruktur, Kinderzahl, Einkommensstruktur, Bildungsstand etc.)

Abb. 6.12 Checkliste für das Gründungsprojekt Kindertagesstätte. (Eigene Darstellung)

6.6 Marketing

Konkurrenz

- Wie werden die Konkurrenten auf die Betriebsgründung reagieren?
- Welche Konkurrenten werden in den nächsten Jahren auf dem Markt auftreten?
- Welche Konkurrenten werden in den nächsten Jahren nicht mehr am Markt sein?
- Welchen Service bietet die Konkurrenz?
- Was kostet Ihr Angebot bei der Konkurrenz?
- Welche Stärken und Schwächen haben die Konkurrenten?
- Auf welchen Gebieten sind Sie leistungsfähiger?
- Existieren gegenüber den Mitbewerbern Preisvorteile?
- Kann man die eigene Leistung individueller anbieten?
- Qualitätsstandards (Fachkräfte, Arbeitsbedingungen, Ausstattung)
- Finanzkraft
- Verbindungen

Arbeitsmarkt

- Fachpersonal (Stand, Entwicklung)
- Fachfremde Arbeitskräfte, ehrenamtliche Mitarbeiter

Finanzen

- Eigenmittel (Spenden, Mitgliedsbeiträge, Bußgelder etc.)
- Öffentliche Mittel (Zuwendungen, Darlehen)
- Entgelte (Elternbeiträge, Sonstiges)
- Fremdmittel (Sponsoring, Kredite)
- Sachwerte

Abb. 6.12 (Fortsetzung)

> ***Checkliste Infrastruktur***
>
> - Standort
> - Kunden, Konkurrenz, Arbeitskräfte in der Nähe
> - Häuser und Wohnungsmarkt
> - Verkehrsanbindung
> - Mieten, kommunale Abgaben, behördliche Auflagen, gewerbebaurechtliche Bestimmungen etc.
>
> ***Räume***
>
> - Größe
> - Tauglichkeit
> - Unfall-, Immissionsschutz

Abb. 6.12 (Fortsetzung)

des Existenz- und Unternehmensgründungsvorhabens gefährden können, im Verhältnis zur Konkurrenz lokalisiert. Folgender Ablauf bietet sich dabei an:

- Festlegen von Erfolgsmaßstäben,
- Bestimmung der Faktoren, die für die Erreichung der Erfolgsmaßstäbe bedeutsam sind (werden aus der Ist-Analyse abgeleitet),
- Festlegung von wichtigen Konkurrenten, die als Maßstab für die Faktoren und deren Bewertung in der Ist-Analyse gelten.

6.6 Marketing

Die eigentliche Bewertung erfolgt dann, wie in Abb. 6.13 gezeigt wird, in Form eines Diagramms. Es sollte ein Vergleich der geplanten Kita mit der Konkurrenz erfolgen, wie in der Abb. 6.14 gezeigt wird. Weiterhin gilt es den Standort zu bewerten (Abb. 6.15).

Bewertungskriterien für eine Stärken-Schwächen- und Konkurrenzanalyse					
Mögliche Erfolgsmaßstäbe	Konkurrent XY: Stärken	Konkurrent XY: Schwächen	Mein Konzept: Stärken	Mein Konzept: Schwächen
Konzept				
Qualität				
Service				
- Freundlichkeit				
- Beratung				
- Öffnungszeiten				
- Zusammenarbeit				
Preis				
Personal				
Standort				
- Stadtmitte				
- Randgebiet				
- Stadtteil				
- Dorfstraße				

Abb. 6.13 Bewertungskriterien für eine Stärken-Schwächen- und Konkurrenzanalyse. (Eigene Darstellung)

Beispiel geplante Kindertagesstätte im Vergleich zur Kita XY (als Konkurrent)		
Gewählte Erfolgsmaßstäbe	Schwächer (-)	Besser (+)
Pädagogisches Konzept:		
• Strategische Orientierung	■	
• Praktische Umsetzung		■
• Zusammenarbeit mit Eltern		■
Leistungsqualität		
• Gruppengröße	■	
• Betreuungszeiten		■
• Betreuungsform		■
• Kostenbeiträge der Eltern	■	
Ausstattung		
• Sachmittel	■	
• Etat	■	

Abb. 6.14 Beispiel geplante Kindertagesstätte im Vergleich zur Kita XY. (Eigene Darstellung)

6.6 Marketing

Standort A im Vergleich zum Standort B			
Erfolgsmaßstäbe	Gewichtung	Standort A	Standort B
Kundennähe			
Verkehrslage			
Kundenparkplätze			
Energieversorgung			
Fachkräfte			
Konkurrenz			
Kosten			
Materialversorgung			
Erweiterungsmöglichkeiten			
Summe der Punkte			
Rangstelle			

Abb. 6.15 Standort A im Vergleich zum Standort B. (Eigene Darstellung)

6.6.1.3 Kritische Anmerkungen

Die Festlegung von Erfolgsmaßstäben für soziale Einrichtungen, z. B. für die Arbeit einer Kindertagesstätte im gewählten Beispiel, ist problematisch, weil unter Erfolg in der Regel ein quantitativ messbares Leistungsergebnis verstanden wird. Das ist im Bereich der Sozialen Arbeit schwierig (wenn überhaupt) zu erreichen, denn es handelt sich um ein statistisches Verfahren, dass sich nur schwer auf zwischenmenschliche Leistungen übertragen lässt. Tatbestände wie Zufriedenheit der Kinder, Eltern oder Mitarbeiter, Erziehungsergebnisse, Ansehen der Arbeit/Einrichtung im sozialen Umfeld usw. sind qualitative Erfolgskriterien und quantitativ kaum messbar. Sie sind aber für die Soziale Arbeit von wesentlicher Bedeutung. Quantitative Kriterien, wie das Verhältnis von Aufnahmeanträgen zu den verfügbaren Plätzen der Tagesstätte (tatsächliche Nachfrage), öffentliche Förderung usw., sind von nachrangiger Bedeutung. Sie dürfen aber nicht vernachlässigt werden, weil durch sie oftmals der Nachweis der Mittelverwendung erfolgt.

6.6.2 Marketingmix

Existenz- und Unternehmensgründer in der Sozialwirtschaft müssen sich in einem Markt behaupten, der weitgehend durch nicht schlüssige Tauschbeziehungen gekennzeichnet ist. D. h., nur in seltenen Fällen bezahlen die Leistungsempfänger die

Leistungen, stattdessen übernehmen öffentliche Kostenträger aufgrund politischer Entscheidungen oder sozialrechtlicher Bestimmungen die Kosten und konstituieren somit einen „Quasimarkt", in dem Konsumenten und Leistungszahler nicht identisch sind. Um die wichtigsten Kunden der Sozialwirtschaft, die Kostenträger, zu erreichen, sollte ein entsprechender Marketingmix (bestehend aus Leistungs-, Preis-, Distributions- und Kommunikationspolitik) entwickelt werden. Hierfür muss sich der Existenz- und Unternehmensgründer in die Situation des Kostenträgers versetzen, seine Probleme analysieren und angepasste Lösungen entwickeln.

6.6.2.1 Leistungspolitik

Bei der Leistungspolitik geht es um die Gestaltung des konkreten Angebots und die Erwartungen der Kunden. Es gilt, die Kostenträger zu erreichen, die wichtigsten Kunden der Sozialwirtschaft, da sie entscheiden, ob ein Existenz- und Unternehmensgründer Ressourcen bekommt oder nicht. Deshalb sollten Existenz- und Unternehmensgründer die Erwartungen der Kostenträger kennen und auf dieser Basis ihre Leistungen entwickeln. Bitte prüfen Sie daher:

- Entspricht Ihr Angebot den Wünschen der Kostenträger und ist es im Vergleich mit Konkurrenzangeboten wettbewerbsfähig?
- Verfügen Sie über ein innovatives Leistungsprogramm und einen Wettbewerbsvorteil gegenüber der Konkurrenz durch eine gewisse Einzigartigkeit (USP)? (Abb. 6.16)
- Wird dieser Wettbewerbsvorteil vom Kunden, dem Kostenträger, auch als solcher wahrgenommen?
- Sind Sie in der Lage, auf Anforderungen der Kostenträger zu reagieren?

6.6.2.2 Preispolitik

In jedem Markt spielt der Preis eine entscheidende Rolle. Dies gilt seit der Ökonomisierung des Sozialen auch für die Sozialwirtschaft. Um im Markt bestehen zu können, gilt es nicht nur, die Konkurrenz und die Kosten im Blick zu haben, sondern sich insbesondere auch mit dem Kundennutzen auseinanderzusetzen, denn je höher der Nutzen für den Kunden, also den Kostenträger, ist, desto eher wird er auch bereit sein, Mittel zur Verfügung zu stellen. Stehen die Kosten im Mittelpunkt, so gilt es, hier anzusetzen und preiswerte Angebote vorzuhalten. Bitte prüfen Sie daher:

- Ab welchem Preis decken Sie Ihre Kosten?
- Gibt es einen „Mehrnutzen", für den die Kostenträger bereit sind, einen hohen Preis zu zahlen?

6.6 Marketing

Abb. 6.16 Unique-Selling-Point (B2B Manager 2018)

- Wo liegt die Preisobergrenze für die Kostenträger?
- Sind Ihre Preise höher oder niedriger als die der Konkurrenz?
- Ist es sinnvoll, sich über einen „Kampfpreis" einen Zugang zum Markt zu verschaffen?

6.6.2.3 Distributionspolitik

Distribution umfasst die Gestaltung der Absatzwege, der logistischen Systeme und der Orte der Dienstleistungserstellung. Zentrale Bedeutung für die Distributionspolitik haben die Absatzmittler, denn sie ermöglichen oftmals erst den Zugang zu den Leistungen. Auch in diesem Kontext ist es wichtig, die Kontakte zu den Kostenträgern zu pflegen und zu stärken. Bitte prüfen Sie daher:

- Wo wird die Dienstleistung angeboten?
- Wann wird die Dienstleistung angeboten?
- Wie wird der Standort bewertet?
- Wie erhalten potenzielle Leistungsempfänger einen Zugang zur angebotenen Dienstleistung?

6.6.2.4 Kommunikationspolitik

In Märkten wird der Austausch durch Kommunikationsmittel geprägt. In diesem Kontext gilt es zu klären, welche Medien genutzt, d. h., mit welchen Medien die Kunden angesprochen werden können. In der Sozialwirtschaft sind die klassischen Werbemedien (Anzeigen in Zeitungen/Zeitschriften, Fernsehspots etc.) nur bedingt einsetzbar. Viel wichtiger ist eine professionelle Öffentlichkeitsarbeit, um sich beispielsweise in der Presse positiv darzustellen.

Besonders wichtig ist aber auch der direkte Kontakt. Es geht darum, auf den Kunden, den Kostenträger, zuzugehen und Kontakte herzustellen. Zu beachten sind auch Fragen des Involvements, der inneren Beteiligung, mit der die Kommunikation erfolgt. Das Beziehungsmarketing wird in der Sozialen Arbeit stark von der Glaubwürdigkeit des Senders bestimmt und ist nur erfolgreich, wenn Vertrauen geschaffen werden kann. In diesem Kontext gilt es auch zu klären, ob es Hinweise auf die Wirksamkeit bisheriger Angebote gibt, die es entsprechend zu kommunizieren gilt. Bitte prüfen Sie daher:

- Wie ist Ihr Bekanntheitsgrad?
- Kennen die Kostenträger Ihr Angebot?
- Mit welcher Kommunikationsart bzw. welchem Kommunikationsweg kann der potenzielle Kostenträger erreicht werden?
- Ist der Einsatz von Werbemedien sinnvoll (Anzeigen in Zeitungen/Zeitschriften etc.)?
- Mit welchen Möglichkeiten kann die Existenz- und Unternehmensgründung in der Öffentlichkeit positiv dargestellt werden?
- Heben Sie sich von Wettbewerbern durch eine gewisse Einzigartigkeit ab (Unique Selling Point)?
- Ist Ihr Angebot wirksam?

6.6.2.5 Kritische Anmerkungen

Nur in seltenen Fällen haben es Existenz- und Unternehmensgründer mit ganz neuen Märkten zu tun, in denen sich noch keine Konkurrenz tummelt. In der Regel müssen sie sich im Konkurrenzkampf behaupten. Deshalb ist es von Bedeutung, Informationen über die Konkurrenzangebote zu erhalten. Die notwendigen Informationen sind oftmals nur aufgrund von Insiderwissen zu bekommen. Besonders erfolgversprechend sind deshalb Gründungen, bei denen die potenziellen Existenz- und Unternehmensgründer über interne Sach- und Fachinformationen verfügen, die es ihnen erlauben, im Markt Fuß zu fassen. Hier handelt es sich um ein überaus sensibles Feld. Die Grenze zwischen legalem Wettbewerb und illegalem Handeln ist fließend. Es ist wichtig, sich dessen bewusst zu sein, sich also einerseits hart, aber fair dem Wettbewerb zu stellen, sich andererseits dennoch keine unnötige Blöße zu geben und das eigene Unternehmen abzuschirmen. Viele Existenz- und Unternehmensgründungen scheitern nicht nur, weil handwerkliche Fehler aufgetreten sind, sondern auch, weil ihnen aus dem eigenen Haus eine neue Konkurrenz heranwächst, die Insiderwissen nutzt und z. B. Kunden des Unternehmens abwirbt.

Nach dem Motto „Mach es kompliziert" gilt es deshalb, Angebote und Strukturen so aufzubauen, dass sie nicht ohne Weiteres kopiert und übernommen werden können. Auch sollten z. B. Akquisitions- und Kalkulationstätigkeiten nicht delegiert, sondern vom Existenz- und Unternehmensgründer als Chefgeheimnis bewahrt werden. Darüber hinaus gilt es, Mitarbeiter vertraglich zum Stillschweigen zu verpflichten und sie bei Zuwiderhandlung in Regress zu nehmen.

Literatur

Alvares de Souza Soares, P. (2012). Spezialisten für den Zahlendschungel. Viele Autisten haben keine Arbeit oder sind mit ihrer Tätigkeit unterfordert. Dabei haben sie enorme Fähigkeiten, etwa im Umgang mit Zahlen. Einige Unternehmen haben diese Marktlücke entdeckt. *Frankfurter Allgemeine Zeitung* 257 (C1), 3./4. November 2012.

B2B Manager (2018). *Unique-Selling-Proposition (USP)*. https://www.saxoprint.de/b2bmanager/glossar/unique-selling-proposition/. Zugegriffen: 19. Juli 2018.

Beckers, J. (2007). Identifikation und Bewertung von Geschäftsideen (Teil II). *Gründerszene*. https://www.gruenderszene.de/allgemein/know-how-identifikation-und-bewertung-von-geschaeftsideen-teil-ii. Zugegriffen: 19. Juli 2018.

Bundesministerium für Familie, Senioren, Frauen und Jugend (2010). *Altersbilder in der Gesellschaft: Sechster Bericht zur Lage der älteren Generation in der Bundesrepublik Deutschland*. Bericht der Sachverständigenkommission an das Bundesministerium für Familie, Senioren, Frauen und Jugend. Berlin.

Bundesministerium für Wirtschaft und Energie [BMWi] (2012). *GründerZeiten 04. Franchise, Erprobtes Geschäftskonzept gegen Gebühr*. https://www.bmwi.de/Redaktion/DE/Publikationen/Gruenderzeiten/infoletter-gruenderzeiten-nr-04-franchise.html. Zugegriffen: 11. April 2019.

Bundeszentrale für politische Bildung [bpb] (2018). *Bevölkerung mit Migrationshintergrund I*. http://www.bpb.de/wissen/NY3SWU,0,0,Bev%F6lkerung_mit_Migrationshintergrund_I.html. Zugegriffen: 11. Juli 2018.

Demographie Portal des Bundes und der Länder (2017). *Anzahl der Pflegebedürftigen steigt vor allem bei den Hochbetagten*. https://www.demografie-portal.de/SharedDocs/Informieren/DE/ZahlenFakten/Pflegebeduerftige_Anzahl.html. Zugegriffen: 30. April 2019.

Flohr, S. (2006). Geschäftserfolg ohne starre Regeln und feste Öffnungszeiten. *Frankfurter Allgemeine Zeitung*, 13. Mai 2006. http://www.faz.net/suche/?query=Gesch%C3%A4ftserfolg+ohne+starre+Regeln+und+feste+%C3%96ffnungszeiten&suchbegriffImage.x=0&suchbegriffImage.y=0&resultsPerPage=20. Zugegriffen: 11. Juli 2013.

Franchise Portal (2018a). Was ist Social Franchise? https://www.franchiseportal.de/wissen-fuer-gruender/glossar/social-franchise-social-franchising-a-4921.html. Zugegriffen: 30. Mai 2018.

Franchise Portal (2018b). *Senioren Service ProVita24 Lizenz-System*. https://www.franchiseportal.de/franchise-journal/news/haeusliche-senioren-betreuung-lizenz-system-sencurina-jetzt-ueber-50-mal-in-deut-a-31170.html. Zugegriffen: 25. Juli 2018.

Geinitz, Ch. (2008). Eigenständig und trotzdem umsorgt. Betreutes Wohnen liegt im Trend. Für Senioren ist es eine interessante Alternative zum Heim. Sie haben mehr Freiheit – und sparen Geld. *Frankfurter Allgemeine Zeitung* 271, 19. November 2008.

Genossenschaft der Werkstätten für behinderte Menschen Süd eG [gdw süd] (2018). *HISTORIE*. http://www.cap-markt.de/ueber-uns/historie.html. Zugegriffen: 04. Juli 2018.

Heimbach, R. (2010). *Struktur- und Prozessinnovationen Modernisierung im Krankenhaus*. In V. Schumpelick & B. Vogel (Hrsg.), *Innovationen in Medizin und Gesundheitswesen*. Freiburg/Basel/Wien: Herder, S. 205–220.

impulse (2013). *impulse-Ranking: Die besten Franchise-Systeme 2013*. https://www.impulse.de/gruendung/impulse-ranking-die-besten-franchise-systeme-2013/2009293.html. Zugegriffen: 19. Juli 2018.

Iwd – Informationen aus dem Institut der deutschen Wirtschaft (2015). Pflege-Infrastruktur – Höchste Zeit, aktiv zu werden. https://www.iwd.de/artikel/hoechste-zeit-aktiv-zu-werden-243591. Zugegriffen: 16. Februar 2019.

Oberhuber, N. (2009). Dann gründe ich meine Krippe selbst. *Frankfurter Allgemeine Sonntagszeitung* 31, 2. August 2009, S. 30.

Plickert, P. (2008). „Die Senioren haben mehr als die Jüngeren". *Frankfurter Allgemeine Zeitung*, 21. April 2008: https://www.faz.net/aktuell/wirtschaft/wirtschaftspolitik/wirtschaftsforscher-ueber-altersarmut-die-senioren-haben-mehr-als-die-juengeren-1192385.html. Zugegriffen: 30. Mai 2019.

Specialist People Foundation (2013). *Enabling one million jobs for people with autism and similar challenges*. www.specialistpeople.com. Zugegriffen: 19. Juli 2018.

Tiedge, A. (2011). Sozialunternehmer. Erfolg macht verdächtig. *Spiegel-online*, 6. April 2011. http://www.spiegel.de/karriere/berufsleben/sozialunternehmer-erfolg-macht-verdaechtig-a-755210.html. Zugegriffen: 19. Juli 2018.

UKV – Union Krankenversicherung (2018). *Die Wohnung, die mitdenkt. Pflege 4.0: Ambient Assisted Living*. 27. Juni 2018. http://seniorenratgeber.handelsblatt.com/2018/06/27/pflege-4-0-ambient-assisted-living. Zugegriffen: 30. April 2019.

Uthoff, J. (2012). Soziale Unternehmer setzen auf Nachhaltigkeit statt auf hohe Gewinne. Zwei Berliner Beispiele zeigen, wie man mit wenig Geld viel Nutzen schaffen kann. *Tagesspiegel*, 8. Juli 2012, S. K 1.

Weckbrodt, H. (2016). Flüchtlinge brauchen einfache Sätze, Deutsche auch. *Die Welt*. https://www.welt.de/vermischtes/article153809722/Fluechtlinge-brauchen-einfache-Saetze-Deutsche-auch.html. Zugegriffen: 4. Juli 2018.

Ökonomische Rahmenbedingungen 7

Zusammenfassung

Da die meisten glücklosen Unternehmensgründungen an finanziellen Problemen scheitern, ist es notwendig, die ökonomischen Rahmenbedingungen überaus differenziert zu betrachten. Die verschiedenen Aufstellungen, die für die eigene Planung, aber auch zur Vorlage bei potenziellen Geldgebern nötig sind, werden hier konkret vorgestellt: Die Kostenplanung umfasst die Personalkosten, die Sachgemeinkosten, die Aufwendungen für Kapitaldienst (Zins und Tilgung), Abschreibungen für getätigte Investitionen (z. B. den Wertverlust eines angeschafften Fahrzeugs) sowie kalkulatorische Kosten (z. B. die Versicherungen und den Lebensunterhalt des Unternehmers). Die Personalkosten als größter Kostenfaktor werden besonders gründlich beleuchtet (Berechnung der Leistungsstunden von angestellten und selbstständigen Sozialpädagogen). Aus der Umsatz- und Rentabilitätsplanung ergibt sich ein geplantes Betriebsergebnis, aus dem sich nach Abzug weiterer Posten wiederum ein verfügbares Einkommen ergibt. Gerade in der Anfangsphase eines Unternehmens ist die Liquidität entscheidend. Eine solide Liquiditätsplanung berücksichtigt nicht nur monatlich wiederkehrende oder saisonale Kosten, sondern auch unvorhersehbare. Daran schließt sich die Kapitalbedarfsplanung an. Der Kapitalbedarf umfasst lang-, mittel- und kurzfristige Investitionen, eine Reserve, Betriebsmittel für die Anfangsphase (Personalkosten, Sachgemeinkosten und Werbekosten) sowie die Gründungskosten, also die komplette notwendige Startfinanzierung, zu der dann noch kalkulatorische Kosten, der Kapitaldienst und sogenannte Anlaufkosten zu rechnen sind. Für das komplexe

Thema der Finanzierung gelten im sozialen Bereich einige Besonderheiten. Im Finanzierungsplan werden Kapitalbedarf und Finanzierung einander gegenübergestellt.

Lernziele

Sie sind in der Lage, eine eigene Finanzplanung für das zu gründende Unternehmen zu erstellen. Sie erhalten viele wertvolle konkrete Tipps, z. B. um Liquidität sicherzustellen. Die grundsätzlichen Möglichkeiten einer Finanzierung werden hier ebenso beleuchtet wie die besonderen Fördermöglichkeiten im sozialen Markt.

Etwa 50 % der Existenz- und Unternehmensgründungen scheitern, da die ökonomischen Rahmenbedingungen nicht beachtet wurden, mit zum Teil dramatischen Folgeerscheinungen. Deshalb werden Sie in diesem Kapitel mit allen notwendigen Rahmenbedingungen einer Existenz- und Unternehmensgründung, wie

- der Kostenplanung,
- der Umsatz- und Rentabilitätsplanung,
- der Liquiditätsplanung,
- der Kapitalbedarfsplanung sowie
- der Finanzierung und dem Finanzierungsplan

vertraut gemacht.

7.1 Kostenplanung

Bevor Sie in Finanzierungsverhandlungen treten, müssen Sie wissen, welche Kosten Ihnen entstehen, welche Einnahmen Sie erzielen werden und wie viel Kapital Sie benötigen. Für Existenz- und Unternehmensgründungen im sozialen Dienstleistungsbereich sind insbesondere die Personalkosten zu beachten. Achten Sie bei der Planung auch auf Abgaben, Sondergratifikationen und besondere tarifliche Leistungen. Neben den Personal- sind insbesondere die Sachgemeinkosten – wie Miete, Pacht, Heizung, Gas, Strom, Wasser, Versicherungen, Steuern, Beiträge, Fahrzeugkosten, Marketing und Public Relation, Reisekosten, Instandhaltung der Geräte, Bürobedarf, Telefon, Steuerberatung, Rechtsberatung, Buchführung etc. – zu beachten. In der folgenden Checkliste (Abb. 7.1) werden sie detailliert aufgelistet. Für eine erste Kalkulation ist eine Schätzung z. B. in Form eines

7.1 Kostenplanung

prozentualen Anteils der Personalkosten ausreichend. Zu beachten sind weiterhin die Aufwendungen für den Kapitaldienst und die Abschreibungen für getätigte Investitionen.

Neben diesen Ihnen tatsächlich entstehenden Kosten sind die sogenannten „kalkulatorischen Kosten" zu beachten. Kalkulatorische Kosten sind keine realen Aufwendungen, sondern stellen eine fiktive Größe dar. Diese hat die Aufgabe, dem tatsächlichen Werteverzehr eines Unternehmens Rechnung zu tragen. Fließen diese kalkulatorischen Kosten nicht in die Kalkulation und in die Selbstkosten der.

Personalkosten

Monatslohn

Bezahlte Gehälter ....

+ Weihnachtsgeld ....

+ Urlaubsgeld ....

= **Gehälter pro Jahr** ....

+ Lohnnebenkosten ....

= **zu bezahlen pro Jahr** ....

Sachgemeinkosten

Miete, Pacht, Heizung ....

Gas, Strom, Wasser ....

Versicherungen, Steuern, Beiträge ....

Fahrzeugkosten

Marketing/PR, Reisekosten ....

Instandhaltung, Maschinen und Geräte ....

Bürobedarf, Telefon ....

Steuerberatung, Rechtsberatung, Buchführung ....

Sonstige Kosten ....

Sachgemeinkosten gesamt ....

Zinsen

Die Zinskosten werden vereinfacht berechnet als
Fremdkapital x durchschnittlicher Zinssatz = ...

Abb. 7.1 Muster einer Kostenplanung. (Eigene Darstellung)

Abschreibungen

Die Kosten für den Wertverlust Ihrer Investitionen (Abschreibungen) ermitteln Sie so:

Anschaffungskosten / Durchschn. Nutzungsdauer = Abschreibung in €/Jahr ....

Kalkulatorische Kosten

Einkommensteuer	....
Krankenversicherung	....
Rentenversicherung	....
Lebensversicherung	....
Private Miete	....
Lebensunterhalt	....
Kalkulatorischer Unternehmerlohn	....
+ sonstige kalkulatorische Kosten	....
= Summe der kalkulatorischen Kosten	....

Gesamtkosten des Betriebs

Personalkosten	....
Sachgemeinkosten	....
Zinsen	....
Abschreibungen	....
Kalkulatorische Kosten	....
Kosten gesamt	....

Abb. 7.1 (Fortsetzung)

Produkte ein, hat dies ernste Folgen für das Unternehmen: Betriebswirtschaftlich gesehen lebt das Unternehmen dann von der Substanz. Es erwirtschaftet z. B. nicht genügend Erträge, um durch Abnutzung verbrauchte Investitionsgüter zu Wiederbeschaffungspreisen zu ersetzen.

7.1 Kostenplanung

Durch die betrieblichen Aufwendungen in der Finanzbuchhaltung werden kalkulatorische Kosten, wie etwa kalkulatorische Abschreibungen/Unternehmerrisiko, nicht abgedeckt. Deshalb werden sie in der Kostenrechnung erfasst und über die neutralen Konten wieder gutgeschrieben. Kalkulatorische Kosten beeinflussen somit das bilanzielle Gesamtergebnis des Unternehmens nicht. Einige dieser kalkulatorischen Kosten werden steuerlich in der Gewinn- und Verlustrechnung als Kosten anerkannt, wie z. B. eine kalkulatorische Miete, wenn Sie Ihre eigenen Räumlichkeiten für das Unternehmen nutzen.

7.1.1 Kalkulation einer Leistungsstunde

Selbstständige in der Sozialen Arbeit erhalten Vergütungen, die in der Regel bei ca. 44 € pro Stunde brutto liegen (Berufsbetreuer). Diese Stundensätze liegen unter den Stundensätzen, die sich auf der Grundlage des Gehalts eines angestellten Sozialarbeiters ergeben. Bei der folgenden Berechnung wird auf die Angaben der KGSt zurückgegriffen (Abb. 7.2).

Wenn man die Jahresgehaltskosten eines angestellten Sozialpädagogen als Grundlage nimmt, kann man die Kosten einer Leistungsstunde berechnen.

7.1.2 Jahresgehaltskosten für einen angestellten Sozialpädagogen

Ausgegangen wird von der Lohnstufe S11b und einer gewissen Arbeitserfahrung (Stufe 3) (Abb. 7.3).

Es ergibt sich die folgende Basisleistungsstundenvergütung.

7.1.3 Berechnung der Basisleistungsstundenvergütung eines Angestellten

Jahresgehalt/Leistungsstunden = Leistungsstundenvergütung
58.123,55 €/1.093,5 Leistungsstunden = 53,15 € pro Stunde

Für die Bezahlung eines angestellten Sozialarbeiters müsste somit mit einem Stundensatz von 53,15 € kalkuliert werden. In dieser Berechnung sind noch keine anteiligen Sachkosten enthalten, sondern lediglich die Gehaltskosten. Für Arbeitsräume und Geräte entstehen weitere Kosten, daher erhöht sich die zugrunde liegende Vergütung in Abhängigkeit von den entstehenden Sachkosten.

Berechnung der Leistungsstunden
1. Berechnung der Arbeitstage: 365 Tage   Minus   • Wochenenden,   • Urlaub,   • Bildungsurlaub,   • Krankheitstage,   • Feiertage,   • Weiterbildung   = **203,45 Arbeitstage**   **2. Berechnung der Jahresarbeitszeitstunden**   203,45 Arbeitstage x 7,7h (38,5 h wöchentliche Arbeitszeit, 5-Tage-Woche)   = **1.566,56 Jahresarbeitszeitstunden**   **3. Berechnung der produktiven Leistungsstunden**   1.566,65 Jahresarbeitszeitstunden   Minus   - 272,58 h (17,4% verwaltungsorientierte Binnensteuerung, Berichte fertigen, Abrechnungen usw.)   - 200,52 h (12,8% inhaltliche Binnensteuerung, Teambesprechung, Vor- und Nachbereitung, etc.)   = **1.093,5 Leistungsstunden** (konkrete Arbeit mit dem Klientel)

Abb. 7.2 Berechnung der Leistungsstunden (DBSH 2009)

7.1.4 Berechnung der Leistungsstunden eines Selbstständigen

Bei der Kalkulation der Leistungsstundenvergütung des Selbstständigen ist dessen höherer organisatorischer Aufwand zu berücksichtigen. Diesen kalkuliert der DBSH mit jährlich zusätzlich ca. 118 h (DBSH 2009).

7.1 Kostenplanung

Grundgehalt		3.557,62
Kinderzulage		
VWL		
Funktionszulage/Besitzstand		
Vergütung		**3.557,62**
Dauer in Monaten	12,00	**42.691,44**
Tarifl. Einmalzahlungen		
Jahressonderzahlung in %	72,52	2.579,99
Leistungsvergütung pauschal		700,00
Jahresgesamtbrutto SV pflichtig		45.971,43
Tarifsteigerung in %		
Jahresbrutto ohne Tarifsteigerung		45.971,43
Sozialversicherung	19,84	9.120,73
U-Kasse und VBLU		
U-Kasse oder VBLU neu	4,60	2.114,69
VBLU		0,00
VBLU-St. (22,3%)	22,30	0,00
Steuer f. Entgeltumwandlung		0,00
Gesamtbrutto AG		57.206,84
Berufsgenossenschaft		**916,71**
Arbeitgeberkosten bei Vollzeit		**58.123,55**

Abb. 7.3 Jahresgehaltskosten für einen angestellten Sozialpädagogen (Tarif ab 01.04.2019)

Leistungsstunden des Angestellten	1.093,5 h
- höher organisatorischer Aufwand	118,0 h
= Leistungsstunden des Selbstständigen	**= 957,5 h**

Die Zahl der Leistungsstunden reduziert sich also entsprechend auf 957,5 h. In der Folge erhöht sich die Leistungsstundenvergütung.

7.1.4.1 Berechnung der Leistungsstundenvergütung I für einen Selbstständigen

Jahresgehalt/Leistungsstunden = Leistungsstundenvergütung I
58.123,55 €/957,5 Leistungsstunden = 60,70 €

Zusätzlich zu diesem Betrag sind die Sachkosten in die Kalkulation mit aufzunehmen. Im folgenden Beispiel werden sie pauschal mit 500 € pro Monat kalkuliert:
Berechnung der Personal- und Sachkosten

Jahreslohnkosten	58.123,55 €
+ Sachkosten	6.000,00 €
=	64.123,55 €

7.1.4.2 Berechnung der Leistungsstundenvergütung II für einen Selbstständigen

Personal- und Sachkosten/Leistungsstunden = Leistungsstundenvergütung
64.123,55 €/957,5 Leistungsstunden = 66,97 €

In dieser Kalkulation sind noch keine Aufwendungen für Kapitaldienste, Abschreibungen etc. enthalten. Ferner ist zu prüfen, ob die selbstständige Tätigkeit nicht der Umsatzsteuerpflicht unterliegt. Ist dies der Fall, sind auf den Stundensatz (ohne Sachkosten) nochmals 19 % aufzuschlagen. Oftmals erhalten selbstständige Sozialarbeiter oder SozialpädagogInnen einen Stundenlohn, der unter dem der angestellten Kollegen liegt. Um Altersarmut zu vermeiden, sollten Selbstständige realistisch und allenfalls in der Startphase knapp kalkulieren.

7.2 Umsatz- und Rentabilitätsplanung

Genauso wichtig wie die Kostenplanung ist die Umsatz- und Rentabilitätsplanung, um den Erfolg Ihres Vorhabens einschätzen zu können. Des Weiteren ermitteln Sie mit der Umsatz- und Rentabilitätsplanung die Höhe Ihres Unternehmerlohns oder Gewinns. Er sollte mindestens 50 % höher liegen als das Bruttogehalt eines Angestellten in der gleichen Position, weil er nicht nur dazu dient, den Lebensunterhalt zu bestreiten, sondern auch zur Begleichung von Einkommenssteuer und Sozialversicherungsbeiträgen herangezogen werden muss.

Die Höhe des Gewinns ist abhängig von den erzielten Erträgen. Welcher Umsatz schätzungsweise zu erzielen ist, ergibt sich auf der Grundlage der Markt-, Konkurrenz- und Standortanalyse. Die folgende Checkliste orientiert sich am Beispiel einer Pflegeeinrichtung (Abb. 7.4).

7.3 Liquiditätsplanung

Ein Unternehmen muss zahlungsfähig sein, d. h., es muss über ausreichende Geldmittel aus Einnahmen, Reserven und/oder Krediten verfügen, mit denen Ausgaben – auch unvorhersehbare – gedeckt werden können.

Wie können Sie Ihre Liquidität erhöhen bzw. kurzfristig sichern?
1. In der Dienstleistungsproduktion:
   – Die Kosten sollten stets niedriger sein als die Erlöse.
   – Kapazitäten besser auslasten.
   – Nicht benötigte Anlagen verkaufen.
   – Freiwillige Leistungen reduzieren.
   – Bei Einkäufen Ratenzahlung vereinbaren.
2. Im Kundenkontakt:
   – Kreditwürdigkeit der Kunden prüfen.
   – Anzahlungen von Kunden fordern.
   – Lieferung gegen Nachnahme oder Lastschriftverfahren.
   – Rechnungen so schnell wie möglich schreiben.
   – Zahlungszeiten begrenzen.
   – Zahlungseingänge überwachen.
   – Sonderaktionen für Barzahler durchführen (Nutzung von Rabatten und Skonto).
   – Schnell zahlende Kunden bevorzugt bedienen.
   – Bei Dauerkunden Bankeinzug vereinbaren.
   – Schecks unmittelbar nach Erhalt bei der Bank einreichen.
   – Mahnwesen intensivieren.
   – Ggf. professionelle Inkassoinstitute beauftragen.
   – Ggf. Außenstände abtreten (Factoring).

Umsatz- und Rentabilitätsplan am Beispiel einer Pflegeeinrichtung		
1.	Erwarteter Nettoumsatz/Einnahmen – Krankenkasse – Pflegeversicherung – Privatzahler – Sonstige	€
2.	minus (-) Auslagen für Pflegemittel und andere Materialien	
3.	= Rohgewinn 1	
4.	Minus (-) Aufwendungen	
4.1	Personalkosten (Löhne, Gehälter, Weihnachtsgeld, Urlaubsgeld, vermögenswirksame Leistungen)	
4.2	Sachgemeinkosten – Miete – Kaution – Heizung, Gas, Wasser, Strom – Fahrzeugkosten – Instandhaltung der Geräte – Bürobedarf – Telefon, Fax, Internet – Leasing – Versicherung (Betriebshaftpflicht, Glas, Wasser etc.) – Beiträge – Werbung – Reisekosten – Marketing und Public Relation – Steuerberater, Buchführung – Zinsen – Steuern – Sonstige Ausgaben	
5.	= Betriebsergebnis (Rohgewinn 1 minus (-) Aufwendungen)	
6.	minus (-) Abschreibungen (Wertminderung der Investitionen)	
7.	minus (-) Steuern auf Einkommen und Ertrag	
8.	= Jahresüberschuss/-defizit	
9.	minus (-) Tilgungskosten	
10.	minus (-) Private Kranken-, Pflege-, Unfallversicherung etc.	
11.	= Verfügbares Einkommen vor Steuern	

Abb. 7.4 Umsatzplan und Rentabilitätsplan am Beispiel einer Pflegeeinrichtung. (Eigene Darstellung)

7.3 Liquiditätsplanung

3. Durch Verhandlungen mit Banken und Finanzbehörden
   - Konditionen der Kreditverträge regelmäßig überprüfen, ggf. umschulden.
   - Für das Geschäftskonto höheren Kreditrahmen vereinbaren und Überziehungszinsen vermeiden.
   - Tilgungszahlungen nach Absprache mit den Kreditgebern kurzfristig aussetzen.
   - Sonderabschreibungen nutzen.
   - Stundung von Steuerzahlungen beantragen.
4. Durch Reduktion der Privatentnahmen

Deshalb ist die Liquiditätsplanung für Kreditverhandlungen mit Banken besonders wichtig (Abb. 7.5).

Liquiditätsplanung		
	Soll	Ist
a) liquide Mittel		
Kassenbestand		
Barmittel		
Bankguthaben		
Summe		
zuzüglich		
b) Einnahmen		
Umsatzerlöse		
Darlehen		
Privateinzahlungen		
Sonstige Einnahmen		
Summe		
Verfügbare Mittel (a + b)		
abzüglich		

Abb. 7.5 Liquiditätsplanung. (Eigene Darstellung)

c) Ausgaben		
Gehälter, Löhne		
Sozialabgaben		
Waren		
Mieten		
Verwaltung		
Vertrieb		
Umsatzsteuer		
Sonstige Steuern		
Versicherung		
Zinsen		
Tilgung		
Sonstige Ausgaben		
Anlageinvestitionen		
Privatentnahmen		
+ *Überdeckung*, – *Unterdeckung*		
Ausgleich durch Kontokorrentkredit		
Liquidität		

Abb. 7.5 (Fortsetzung)

7.4 Kapitalbedarfsplanung

Existenz- und Unternehmensgründer sollten wenigstens mithilfe von Schätzungen den Kapitalbedarf des künftigen Unternehmens annäherungsweise feststellen, um Finanzierungs- oder Liquiditätsprobleme zu vermeiden:

7.4 Kapitalbedarfsplanung

1. Um den Kapitalbedarf zu ermitteln, werden in einem ersten Schritt die notwendigen Investitionen aufgelistet:
   - Hierzu gehören langfristige Investitionen wie Grundstücke, Gebäude, Fahrzeuge, Einrichtungsgegenstände oder der Kaufpreis bei einer Geschäftsübernahme.
   - Hinzu kommen kurz- und mittelfristige Investitionen in der Gründungsphase und
   - eine Reserve für Unvorhergesehenes.

   Diese Investitionen werden bei der Kostenkalkulation als Abschreibungen (Kosten für den Wertverlust) der Investitionen (Anschaffungskosten geteilt durch die durchschnittliche Nutzungsdauer) berücksichtigt, müssen aber zur Gründung aufgebracht werden.

2. In einem zweiten Schritt werden die Betriebsmittel für die Anfangsphase ermittelt. Hierzu gehören die Personalkosten der Anfangszeit (Löhne, Sondergratifikationen) und die Sachgemein- und Werbekosten.

3. In einem dritten Schritt werden die Gründungskosten aufgelistet (Beratungskosten, Gebühren etc.) und ein finanzielles Polster für die Anfangsphase berücksichtigt. (Da die Kostenträger normalerweise rückwirkend, nach erbrachter Leistung zahlen, kann es einige Monat dauern, bis das erste Geld auf dem Konto eingeht. Auch ist zu berücksichtigen, dass ein neu gegründetes Unternehmen z. B. noch nicht bekannt und deshalb anfangs wenig frequentiert ist.)

Die Summe ergibt das für die Gründung erforderliche Kapital. Zu diesem notwendigen Startkapital kommen noch die kalkulatorischen Kosten und Kapitalkosten für Zinsen (Fremdkapital x Zinssatz) und Tilgung, die von Anfang an zu tragen sind (Abb. 7.6).

Kapitalbedarfsplan	
	Kosten
Startinvestitionen	
Grundstück/Gebäude/Geschäftsräume: Umbaumaßnahmen/Renovierung/Kaution	
Fahrzeuge	
Einrichtungsgegenstände, Geräte und Arbeitsmittel, ggf. Franchisegebühr	
Reserven für Folgeinvestitionen und Unvorhergesehenes	
+ Betriebsmittel	
Personalkosten der Anfangsphase (Löhne, Sondergratifikationen)	
Sachgemeinkosten (Miete, Pacht, Heizung, Strom, Gas, Wasser, Versicherungen, Steuern, Beiträge, Fahrzeugkosten, Leasing, Reisekosten, Marketing und Public Relation, Instandhaltungskosten, Büro, Fuhrpark, Bürobedarf, Telefon, Fax etc., Steuerberatungskosten, Rechtsberatung, Buchführung, Sonstiges)	
Werbemittel	
+ Gründungskosten (Beratung, Notar, Anmeldung/Genehmigung, Eintrag ins Handelsregister,	

Abb. 7.6 Kapitalbedarfsplan. (Eigene Darstellung)

Gewerbeanmeldung, Markteinführungskosten)	
= Notwendige Startfinanzierung	
+ kalkulatorische Kosten Einkommensteuer, Krankenversicherung, Rentenversicherung, Lebensversicherung, Miete, Lebensunterhalt, Honorarvereinbarungen, kalkulatorische Abschreibungen, kalkulatorische Zinsen (für das Eigenkapital), kalkulatorische Miete (für eigengenutzte Räume)	
+ Kapitaldienst (Zins (Fremdkapitalzinssatz) und Tilgung)	
+ Anlaufkosten (bis das Unternehmen kostendeckend arbeitet)	
= Gesamter Kapitalbedarf	

Abb. 7.6 (Fortsetzung)

7.5 Finanzierung

Im sozialen Bereich werden die Handlungs- und Arbeitsfelder eines Unternehmens und seine Finanzierungsmöglichkeiten gesellschaftspolitisch ausgehandelt. Auch für Existenz- und Unternehmensgründer, die über „kreative" Kenntnisse unterschiedlicher Finanzierungsstrukturen verfügen und aufgrund guter Kontakte auf unterschiedliche Finanzierungsquellen zugreifen können, bietet sich die Möglichkeit, diese Geldtöpfe zu nutzen.

Die wichtigsten Finanzierungsquellen für Existenz- und Unternehmensgründer unterscheiden sich nicht von denen anderer Unternehmen in der Sozialwirtschaft. Auch Existenz- und Unternehmensgründer finanzieren ihr Unternehmen in der Regel durch Kostenerstattungen für Leistungen, z. B. in Form von Leistungsentgelten oder durch Zuschüsse sowie Subventionen, und müssen sich wie alle anderen Einrichtungen auch auf einem zunehmend hart umkämpften Markt behaupten. Doch in der Start- und Gründungsphase haben sie einen erhöhten

Abb. 7.7 Finanzierungsquellen für die Gründungsphase. (Eigene Darstellung)

Kapitalbedarf, der durch diese Einnahmequellen nicht gedeckt werden kann. Hierfür müssen sie Eigen- und Fremdkapital in Anspruch nehmen (Abb. 7.7).
Grundsätzlich gilt: Je mehr Eigenkapital die Existenz- und Unternehmensgründer haben, umso besser. Doch meistens ist ein Kapitaleinsatz nötig, der die eigenen finanziellen Möglichkeiten weit übersteigt, sodass über eine günstige Fremdfinanzierung nachgedacht werden muss.

7.5.1 Eigenkapital

Existenz- und Unternehmensgründer, die weder über Eigenmittel verfügen noch auf einen „Eigenkapitalersatz", z. B. Verwandtendarlehen, Crowdfunding (ein recht neuer Finanzierungstrend, der die Finanzierung durch eine Personengruppe über das Internet gewährleistet) oder die Beleihung von Immobilien, zurückgreifen können, werden ihren Fremdfinanzierungsbedarf nicht decken können, denn die Banken setzen Eigenkapital als Sicherheit für die Bewilligung von Krediten voraus. Für einen hohen Eigenkapitalanteil spricht auch, dass der Anteil der benötigten Fremdmittel und somit der zu leistende Kapitaldienst geringer wird und dass ein hoher Eigenkapitalanteil hilft, Liquiditätsengpässe zu überwinden. Damit wird das Risiko verringert. Idealerweise sollte das Anlagevermögen durch das Eigenkapital finanziert werden („goldene Bilanzregel"), doch meistens liegt die Eigenkapitalquote bei 15−20 %. Diese Eigenmittel bilden ein Sicherheits- und Risikopolster und dienen den Banken zur Beurteilung der Kreditwürdigkeit. (Abb. 7.8) Quellen des Eigenkapitals sind Ersparnisse und Sachmittel (z. B. der private PKW oder PC, die in das Unternehmen eingebracht werden) oder die Einlagen in einer gegründeten GmbH.

7.5 Finanzierung

Checkliste: Eigenkapital		
Eigenkapital	**vorhanden**	**für das Vorhaben einsetzbar**
Bankguthaben, Wertpapiere, Beteiligungen		
Bausparverträge		
unbare Sacheinlagen		
Eigenleistungen		
Verwandtendarlehen		
Crowdfunding		
Schenkungen		
von Bekannten ungesichert zur Verfügung gestellte Mittel		
Eigenmittel insgesamt		
Sicherheiten	**Beleihungswert**	**freie Beleihungsmöglichkeit**
Haus und Grundbesitz (i.d.R. 50% Beleihung möglich)		
Lebensversicherung (i.d.R. Beleihung bis zu 90% des Rückkaufwerts)		
Haftung/Bürgschaft Dritter		
Sicherheiten insgesamt	**Summe der vorhandenen Sicherheiten**	**Summe der für das Vorhaben herangezogenen Sicherheiten**

Abb. 7.8 Checkliste Eigenkapital. (Eigene Darstellung)

Wenn das eigene Kapital zu gering ist, sollte man, bevor man Fremdkapital bei Banken aufnimmt, über Alternativen nachdenken. Möglich sind:

- das Kapital von Angehörigen, das zu günstigen Konditionen zur Verfügung gestellt wird (Schenkungen, Darlehen oder Bürgschaften), oder
- die Gründung mit einem Partner, der über Eigenkapital verfügt (Beteiligung).

Des Weiteren existieren:

- öffentliche Beteiligungsgesellschaften und
- private Beteiligungsgesellschaften, die für erfolgversprechende Neugründungen Risikokapital zur Verfügung stellen. Allerdings investieren sie nur selten im öffentlichen und sozialen Sektor, weil die von diesen Gesellschaften erwarteten hohen Renditen hier nur selten zu erzielen sind.

Neben dem eingesetzten Eigenkapital erwarten die Kreditinstitute Sicherheiten. Wer keine Sicherheiten aufbieten kann, kann auf die Bürgschaftsbanken der Bundesländer zurückgreifen. Für die Sozialwirtschaft stellt des Weiteren die Bürgschaftsbank für Sozialwirtschaft Sicherheitsbürgschaften zur Verfügung (siehe Abschn. 7.5.2).

Fragen zum Eigenkapital
- Wie hoch sind Ihre Ersparnisse?
- Ist weiteres Ansparen bis zur Gründung möglich?
- Können noch weitere Beträge angespart werden?
- Existieren Kapitalanlagen, die kurzfristig verfügbar sind?
- Sind Verwandte bereit, Kapital zu günstigen Konditionen zu überlassen?
- Können Sachmittel, Fahrzeuge etc. eingebracht werden?
- Kann ein Partner/Teilhaber aufgenommen werden, der eigenes Kapital einbringt? Können eigene Sachmittel (z. B. Fahrzeuge) in den Betrieb eingebracht werden?
- Können öffentliche Finanzierungshilfen in Anspruch genommen werden?

7.5.2 Fremdkapital

Als Fremdkapital gelten die Darlehen von Kreditinstituten, die zu aktuellen Zinssätzen vergeben werden, und öffentliche Fördermöglichkeiten, wie zinsgünstige Kredite oder öffentliche Zuschüsse (Abb. 7.9).

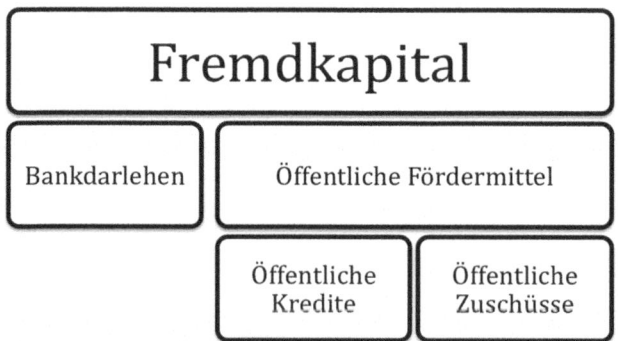

Abb. 7.9 Fremdkapitalquellen. (Eigene Darstellung)

7.5 Finanzierung

Kredite
Kredite werden je nach Laufzeit in kurz-, mittel- und langfristig unterschieden. Langfristige Kredite sollten für langfristige Investitionen und kurzfristige Kredite für kurzfristige Kapitalbedarfe in Anspruch genommen werden („Goldene Finanzierungsregel"). Für den sozialen Bereich bietet sich als Kreditgeber die Bank für Sozialwirtschaft an, die aufgrund ihrer Erfahrungen besonders gut in der Lage ist, Chancen und Risiken einer Existenz- und Unternehmensgründung einzuschätzen.

Kurzfristige Finanzierung (bis zu 12 Monaten Laufzeit)
Die wichtigste kurzfristige Finanzierungsmöglichkeit ist der Überziehungs- oder Kontokorrentkredit für das Geschäftskonto, über das die laufenden Zahlungen abgewickelt werden. In der Regel wird ein Kreditrahmen von einem Monatsumsatz vereinbart. Da der Zinssatz hoch ist, sollte der Kontokorrentkredit nur zur Überbrückung kurzfristiger Liquiditätsengpässe und nicht zur Finanzierung von Anlagegütern oder langfristig gebundener Teile des Umlaufvermögens verwandt werden (vgl. „Goldene Finanzierungsregel").

Der Lieferantenkredit entsteht dadurch, dass eine Ware oder eine Dienstleistung nicht sofort, sondern erst später bezahlt werden kann (in der Regel beträgt die Zahlungsfrist 30 Tage).

Ein Wechselkredit kommt dann zustande, wenn ein Lieferant für gelieferte Waren kein Geld, sondern eine Wechselurkunde ausstellt. Den Wechsel kann der Lieferant innerhalb der Gültigkeitsdauer zum Ausgleich eigener Verbindlichkeiten an seine eigenen Gläubiger weitergeben. An einem bestimmten Stichtag muss der Wechsel bezahlt werden, und zwar an die Person, die im Besitz des Wechsels ist.

Mittelfristige/langfristige Finanzierung (ab 12 Monaten Laufzeit)
Mit dem Investitionskredit werden Teile des Anlagevermögens (Grundstück, Gebäude, Fahrzeuge etc.) finanziert. Das Leasing und der Mietkauf sind Sonderformen des Investitionskredits. Sie haben den Vorteil, dass der Existenz- und Unternehmensgründer weniger Eigenkapital benötigt und somit liquide bleibt. Als Nachteil ist zu vermerken, dass in der Regel höhere Kosten entstehen.

Sicherheiten
Um Kredite zu bekommen, muss der Kreditnehmer Sicherheiten beibringen. Dies können sein:

- Grundschulden
- Hypotheken
- Bürgschaften und Garantien
- Lebensversicherungen
- Bausparverträge
- Festgelder
- Sparguthaben
- Sparbriefe
- Fest verzinsliche Wertpapiere (in der Regel 75 % des Kurswertes)
- Aktien (in der Regel 50 % des Kurswertes nach inländischen Standardwerten)
- Sicherungsübereignung von Maschinen, Geräten etc.
- Forderungsabtretungen
- noch nicht bezahlte Rechnungen etc.

Bürgschaften
Bürgschaftsbanken übernehmen Ausfallbürgschaften für Finanzierungen bei Kreditinstituten, wenn die eigenen Sicherheiten nicht ausreichen. Sie verbürgen sich gegenüber der Hausbank für bis zu 80 % des benötigten Kredits. Der Bürgschaftsantrag wird über die Hausbank gestellt. Vorzulegen sind neben der Beschreibung des Vorhabens ein Finanzierungs- und Investitionsplan ebenso wie eine Ertragsvorschau und ein Liquiditätsplan. Die Bürgschaftsbank erhebt eine Bürgschaftsprovision von normalerweise 1 % der jeweiligen Bürgschaftssumme und einmalige Bearbeitungsgebühren. Die Laufzeit beträgt in der Regel 15 und bei Baumaßnahmen 23 Jahre. Bürgschaftsbanken gibt es in fast allen Bundesländern. Die Förderdatenbank des BMWi (Bundesministeriums für Wirtschaft und Energie) weist unter dem Stichwort „Bürgschaft" 25, unter dem Begriff „Gründung" 80 und unter dem Titel „Bürgschaft Gründung" 4 Einträge auf (2018e).

Im sozialen Bereich kann auf die Bürgschaftsbank für Sozialwirtschaft GmbH in Köln zurückgegriffen werden. Sie wurde 1992 von den Spitzenverbänden der freien Wohlfahrtspflege, der Bank für Sozialwirtschaft AG, der Evangelischen Darlehensgenossenschaft e. G. Kiel, der Bank für Kirche und Diakonie e. G. Duisburg, der Stadtsparkasse Köln und der Ökobank e. G. Frankfurt a. M. gegründet und 2011 von der sozial-ökologischen GLS Bank übernommen.

7.5 Finanzierung

Beispiel zur Finanzierung mithilfe von Bürgschaften
Auf der Homepage der GLS Bank wird folgendes Beispiel zur Finanzierung mithilfe von Bürgschaften genannt:

Kinderladen Kindertraum Prenzl'Berg – Kita mal anders
Im Kinderladen Kindertraum im Berliner Bezirk Prenzlauer Berg werden derzeit 17 Kinder individuell betreut. Die Erzieherinnen und Erzieher orientieren sich an verschiedenen pädagogischen Konzepten und integrieren Bewegung, Kunst und Musik in den Kita-Alltag. Die GLS Bank finanzierte den Auf- und Umbau der Kindertagesstätte. Dirk Bücker, Gründer und Vorstandsmitglied des Trägervereins, erzählt über die Arbeit.

Der KiLa Kindertraum besteht nun seit zwei Jahren. Wie kam es zur Gründung?
Dirk Bücker: „Wir haben seinerzeit keine freien Kita-Plätze für unsere Kinder gefunden. Daraufhin haben wir gemeinsam mit einem befreundeten Paar kurzerhand beschlossen, eine eigene Kita zu gründen. Wir hatten keinerlei Erfahrung in diesem Bereich, sahen für uns aber keine andere Möglichkeit, um Kita-Plätze zu bekommen. Auch aus heutiger Sicht würden wir es wieder so machen."

Was hat sich seit den Anfängen verändert?
Dirk Bücker: „Die Gründungsphase war sehr intensiv. Wir haben in Rekordzeit eine Betriebserlaubnis durch die Landesbehörden erreicht. Heute hingegen steht der fröhliche, kindgerechte Alltag im Vordergrund."

Welches pädagogische Konzept verfolgt Ihre Einrichtung? Welche Werte wollen Sie den Kindern bei Ihrer Arbeit vermitteln?
Dirk Bücker: „Das Motto unserer Erzieherinnen und Erzieher lautet: ‚Sage es mir, und ich vergesse es. Zeige es mir, und ich erinnere mich. Lass es mich tun, und ich behalte es.' Neben der Kunst des aktiven Lernens verfügen die Kinder über die Kunst des Staunens und der Freude angesichts neuer Entdeckungen. Diese zu erhalten und zugleich mit neuen Erfahrungs- und Empfindungsmöglichkeiten zu verbinden, ist eine wichtige pädagogische Aufgabe."

Ausbau der Kita-Plätze, Kinderzuschlag, Elterngeld – familienpolitische Maßnahme werden in den Medien heiß diskutiert. Wie beurteilen Sie die derzeitigen staatlichen Rahmenbedingungen der Kinderbetreuung?

> Dirk Bücker: „Der seitens der Politik ausgerufene massive Ausbau der Kita-Plätze ist sehr begrüßenswert und am gesellschaftlichen Bedarf orientiert. Private Gründer als ein wichtiger Beitrag zur Steigerung der ‚Kapazitäten' bleiben allerdings nach unseren Erfahrungen völlig auf sich allein gestellt. Das signifikante private Risiko wird allerdings später reichlich belohnt durch Gestaltungsmöglichkeiten im Sinne der Kinder."
>
> *Was verbindet den KiLa Kindertraum mit der GLS Bank?*
>
> Dirk Bücker: „Die GLS Bank hat uns einen einzigartigen Weg der Finanzierung ermöglicht. Wir konnten die Risiken der Gründungsphase über geteilte Bürgschaften gleichmäßig auf den Schultern aller Eltern verteilen. Weiterhin war die schnelle und effiziente Abwicklung der Finanzierungsvereinbarungen sehr wichtig für uns, da wir eine zeitlich sehr komprimierte Gründungsphase durchlaufen mussten." (GLS Bank 2018)

Öffentliche Finanzierungsquellen für die Startphase

Existenz- und Unternehmensgründer, die über eine ausreichende fachliche und kaufmännische Qualifikation verfügen und eine selbstständige Tätigkeit hauptberuflich und auf Dauer ausüben wollen, können öffentliche Förderprogramme mit niedrigen Zinsraten, langen Tilgungszeiträumen und gesicherten Zinsfestschreibungen in Anspruch nehmen, bei denen oftmals auf banktübliche Sicherheiten verzichtet wird.

Wichtige Förderprogramme sind die bundesweiten Angebote der Kreditanstalt für Wiederaufbau (KfW 2018):

- ERP-Gründerkredit StartGeld,
- ERP-Gründerkredit Universell,
- ERP-Kapital für Gründung,
- ERP-Regionalförderprogramm.

Bundesweit werden auch Mittel der Bundesanstalt für Arbeit zur Verfügung gestellt. Weitere Fördermöglichkeiten finden sich auf lokaler Ebene. Einen guten Überblick liefert die Förderdatenbank des Bundesministeriums für Wirtschaft und Energie (www.foerderdatenbank.de).

7.5 Finanzierung

Fördermöglichkeiten der Kreditanstalt für Wiederaufbau (KfW)
Die 1948 vom Bund und den Bundesländern gegründete Kreditanstalt für Wiederaufbau (KfW) ist die wichtigste Förderbank für Existenzgründer. Sie stellt Mittel aus dem „European Recovery Program" (ERP) zur Verfügung. Diese als Marshallplan bekannt gewordenen ERP-Mittel sollten ursprünglich den Wiederaufbau Deutschlands finanzieren. Da die ERP-Mittel in Deutschland nicht als Zuschuss, sondern als Kredit vergeben wurden, steht nach wie vor ein Sondervermögen zur Verfügung, mit dem die Kreditanstalt für Wiederaufbau heute Existenz- und Unternehmensgründer fördert. Existenz- und Unternehmensgründer können Fördergelder nicht direkt bei der Kreditanstalt für Wiederaufbau, sondern nur über ihre Hausbank beantragen (Hausbankprinzip). Im Folgenden werden die wichtigsten Fördermöglichkeiten vorgestellt.

1. ERP-Gründerkredit – StartGeld

Ziel und Gegenstand:
Die KfW-Bankengruppe fördert Existenzgründer, Freiberufler sowie kleine Unternehmen bei der Finanzierung von Investitionen und Betriebsmitteln mit günstigen Konditionen bis zu einem Fremdfinanzierungsbedarf von bis zu 100.000 EUR.

Art und Höhe der Förderung:
Die Förderung wird als Darlehen gewährt. Die Höhe des Darlehens beträgt bis zu 100 % des Gesamtfremdfinanzierungsbedarfs, maximal jedoch 100.000 EUR, davon maximal 30.000 EUR für Betriebsmittel. Das StartGeld kann mehrmals je Antragsteller gewährt werden, sofern der Darlehenshöchstbetrag nicht überschritten wird.
Weitere Informationen, siehe BMWi 2018a.

2. ERP-Gründerkredit – Universell

Ziel und Gegenstand:
Die KfW-Bankengruppe fördert mit Unterstützung des ERP-Sondervermögens Existenz- und Unternehmensgründer, Freiberufler sowie kleine und mittlere Unternehmen (KMU) bei der Finanzierung von Investitionen und Betriebsmitteln im In- und Ausland mit günstigen Konditionen. Gefördert werden alle Formen der Existenz- und Unternehmensgründung, also Errichtung, Übernahme eines Unternehmens und Erwerb einer tätigen Beteiligung sowie Festigungsmaßnahmen in den ersten drei Jahren nach Aufnahme der Geschäftstätigkeit. Für Vorhaben mit einem Fremdfinanzierungsbedarf von bis zu 100.000 EUR steht der ERP-Gründerkredit – StartGeld zur Verfügung.

Art und Höhe der Förderung:
Die Förderung wird als Darlehen gewährt. Finanzierungsanteil: bis zu 100 % der förderfähigen Investitionskosten bzw. Betriebsmittel. Darlehenshöchstbetrag: maximal 25 Mio. EUR je Vorhaben. Im Rahmen von Investitionsfinanzierungen, Unternehmensübernahmen und tätigen Beteiligungen ist eine 50-% Haftungsfreistellung des durchleitenden Kreditinstituts möglich, sofern das Unternehmen in der Regel seit drei Jahren besteht bzw. am Markt aktiv ist.

Laufzeit: maximal 20 Jahre, davon höchstens 3 Jahre tilgungsfrei. Die Förderung wird als Darlehen gewährt. Darlehenshöchstbetrag: maximal 10 Mio. EUR je Vorhaben. Weitere Informationen, siehe BMWi 2018b.

3. ERP-Kapital für Gründung

Ziel und Gegenstand:
Das Programm dient der Förderung von Gründungs- und Festigungsvorhaben im Bereich der mittelständischen Wirtschaft durch Nachrangdarlehen. Die Darlehen haften unbeschränkt und erfüllen somit Eigenkapitalfunktion.

Art und Höhe der Förderung:
Die Förderung erfolgt in Form eines zinsverbilligten Nachrangdarlehens. Die Höhe des Darlehens beträgt bis zu 500.000 EUR je Antragsteller. Der Zinssatz wird in den ersten 10 Jahren der Laufzeit aus Mitteln des ERP-Sondervermögens vergünstigt und es wird eine Haftungsfreistellung aufgrund einer Bundesgarantie gewährt. Die Laufzeit beträgt 15 Jahre, die Tilgung beginnt nach sieben Jahren. Weitere Informationen, siehe BMWi 2018c.

4. ERP-Beteiligungsprogramm

Ziel und Gegenstand:
Das Programm dient der Erweiterung der Eigenkapitalbasis von kleinen und mittleren Unternehmen durch Bereitstellung von Haftungskapital über private Kapitalbeteiligungsgesellschaften. Förderfähig sind vornehmlich Kooperationen, Innovationen, Umstellungen bei Strukturwandel, die Errichtung, Erweiterung, grundlegende Rationalisierung oder Umstellung von Betrieben sowie Existenz- und Unternehmensgründungen. Zur Refinanzierung von Beteiligungen, die sie an kleinen und mittleren Unternehmen im Rahmen des ERP-Beteiligungsprogramms eingehen, erhalten Kapitalbeteiligungsgesellschaften Kredite.

7.5 Finanzierung

Art und Höhe der Förderung:
Die Beteiligung kann in der Regel bis zu 1,25 Mio. EUR betragen, jedoch soll die Beteiligung das vorhandene Eigenkapital nicht übersteigen. Die Laufzeit beträgt in der Regel 10 Jahre; in den neuen Ländern und Berlin in der Regel 12,5 Jahre. Wichtig: Es ist darauf zu achten, dass der Förderantrag bei der Hausbank gestellt wird, bevor mit einer Investition begonnen wird! Also: erst beantragen, dann investieren! Weitere Information, siehe BMWi 2018d.

5. Fördermöglichkeiten für Arbeitslose
Finanzierungsmöglichkeiten für Existenz- und Unternehmensgründer, die arbeitslosengeldberechtigt sind, bieten die Arbeitsagenturen. Arbeitslose können beim Übergang in die Selbstständigkeit, zur Sicherung des Lebensunterhalts und zur sozialen Sicherung einen Gründungszuschuss bekommen:

> „Der Gründungszuschuss fördert Gründerinnen und Gründer in zwei Phasen über einen Zeitraum von 15 Monaten. […] In den ersten sechs Monaten nach dem Unternehmensstart erhalten Gründerinnen und Gründer den Gründungszuschuss in Höhe ihres individuellen monatlichen Arbeitslosengeldes. Ziel ist die Sicherung des Lebensunterhaltes in der Startphase. Hinzu kommt eine monatliche Pauschale von 300 EUR, um sich in der Sozialversicherung absichern zu können. […] Nach Ablauf der ersten sechs Monate kann sich eine zweite Förderphase von weiteren neun Monaten anschließen. In diesem Zeitraum wird nur noch die Pauschale von 300 EUR für die Sozialversicherung gezahlt." (BMWi 2016, S. 4–5)

Es werden nur Gründungen als hauptberufliche Tätigkeit gefördert. Wer einen Antrag auf einen Gründungszuschuss stellen will, muss bei der Agentur für Arbeit folgende Unterlagen vorlegen:

- Kurzbeschreibung des Existenzgründungsvorhabens zur Erläuterung der Geschäftsidee,
- Lebenslauf (einschließlich Zeugnisse und Befähigungsnachweise),
- Kapitalbedarfsplan,
- Finanzierungsplan (Nachweis über eigene Mittel oder Kreditzusagen),
- Umsatz- und Rentabilitätsvorschau,
- fachkundige Stellungnahme,
- ggf. Begründung der letzten Geschäftsaufgabe,
- ggf. Bescheinigung über Teilnahme an einem Existenzgründungsseminar und
- Gewerbeanmeldung oder Anmeldung der freiberuflichen Tätigkeit beim Finanzamt.

Kein Rechtsanspruch: Der Gründungszuschuss ist laut dem Gesetz zur Verbesserung der Eingliederungschancen am Arbeitsmarkt eine Ermessensleistung und es besteht somit kein Rechtsanspruch. Weitere Informationen, siehe BMWi 2016, S. 4–5.

6. Fördermöglichkeiten für Arbeitslosengeld II-Bezieher
Auch Arbeitslosengeld-II-Bezieher können gefördert werden. Sie können ein Einstiegsgeld beziehen. Das Einstiegsgeld kann bei Aufnahme der selbstständigen Tätigkeit als Zuschuss zum Arbeitslosengeld II und für höchstens 24 Monate gezahlt werden.

ALG-II-Empfänger können das Einstiegsgeld von ihrem Jobcenter erhalten, wenn sie in eine selbstständige Tätigkeit „einsteigen". Es kann nur dann gewährt werden, wenn die persönlichen Voraussetzungen für eine erfolgreiche Existenzgründung vorliegen und zu erwarten ist, dass die selbstständige Tätigkeit wirtschaftlich tragfähig ist und die Hilfebedürftigkeit durch die selbstständige Tätigkeit innerhalb eines angemessenen Zeitraums dauerhaft überwunden wird. Das Einstiegsgeld wird übrigens auch dann weiter ausgezahlt, wenn bei erfolgreicher Gründung und entsprechendem Einkommen die ALG-II-Leistungen eingestellt werden.

Darüber hinaus können selbstständige ALG-II-Empfänger finanzielle Hilfe beantragen, wenn sie ihre Hilfsbedürftigkeit dadurch dauerhaft überwinden oder zumindest reduzieren. Dies können z. B. Zuschüsse (max. 5000 EUR) und Darlehen zur Beschaffung von Sachgütern oder Beratungsleistungen sein. Einstiegsgeld und weitere Leistungen zur Eingliederung von Selbstständigen müssen beim Jobcenter beantragt werden. Das Jobcenter entscheidet auch, ob zur Beurteilung der Tragfähigkeit der selbstständigen Tätigkeit die Stellungnahme einer fachkundigen Stelle erforderlich ist. Weitere Informationen, siehe BMWi 2016, S. 5.

7.6 Finanzierungsplan

Der Finanzierungsplan dokumentiert, wie das erforderliche Kapital zur Existenz- und Unternehmensgründung aufgebracht wird.

1. Zur Erstellung des Finanzierungsplans wird in einem ersten Schritt der Kapitalbedarf ermittelt und es werden die aktuellen Bedingungen und Konditionen der öffentlichen Förderprogramme erfragt.
2. In einem zweiten Schritt wird der Finanzierungsplan unter Berücksichtigung der Finanzierungsmöglichkeiten erstellt. Er dient als Grundlage für Verhandlungen mit den Banken (Abb. 7.10).

7.6 Finanzierungsplan

Abb. 7.10 Kapitalbedarf und Finanzierung (für-gründer.de 2018)

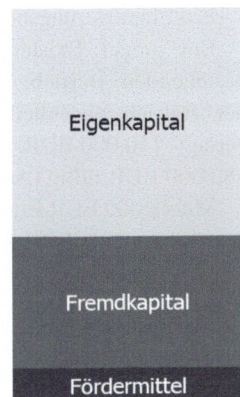

Unter Berücksichtigung verschiedener Fördermöglichkeiten zur Existenz- und Unternehmensgründung könnte ein Finanzierungsplan folgende Positionen umfassen (Abb. 7.11):

Muster für einen Finanzierungsplan
Kapitalbedarf
Umbaukosten:
Einrichtung Computer:
Markterschließung:
Fahrzeug:
Summe Investitionen:
Weiterer Betriebsmittelbedarf, u. a. für Überbrückung der Anlaufphase:
Gesamtsumme:
Kapitaldeckung
Eigene Mittel (min. 15%):
ERP-Mittel
Sonstige öffentliche Mittel (z. B. Zuschüsse):
Hausbankendarlehen:
Sonstige Finanzierungsmittel:
Gesamtsumme:

Abb. 7.11 Kapitalbedarf und Finanzierung. (für-gründer.de 2018)

Ein Finanzierungsbeispiel könnte wie folgt aussehen:

Ein junger Existenz- und Unternehmensgründer übernimmt einen bereits bestehenden Betrieb, um sich eine eigene Existenz aufzubauen. Dazu soll der Betrieb anschließend grundlegend modernisiert werden. Der Kaufpreis beträgt 140.000 EUR. Für Umbauten, Geräte und Fahrzeuge werden weitere 180.000 EUR fällig (Abb. 7.12).

Mit 48.000 EUR Eigenkapital (15 %) und 96.000 EUR (30 %) Fördermitteln aus dem Programm „ERP-Kapital für Gründung" sowie 176.000 EUR (55 %) aus dem „ERP-Gründerkredit – Universell" kann das Vorhaben von insgesamt 320.000 EUR vollständig finanziert werden (angelehnt an BMWi 2018f). Zu beachten ist, dass öffentliche Fördermittel immer vor der Existenz- und Unternehmensgründung beantragt werden müssen. Also erst beantragen, dann finanzieren!

> **Finanzierungsfehler**
> Existenz- und Unternehmensgründungen haben grundsätzlich keine schlechte Erfolgsquote: 50 % der Gründungen sind erfolgreich und nach fünf Jahren noch am Markt, die anderen 50 % scheitern jedoch innerhalb dieser ersten fünf Jahre. Erfolg bzw. Misserfolg sind in starkem Maße von der Finanzierung abhängig.

Investitionsplan	€
Kaufpreis	140.000
Umbauten, Geräte, Fahrzeuge	180.000
Summe	**320.000**

Finanzierungsplan	€
Eigene Mittel	48.000
ERP-Kapital für Gründung	96.000
ERP-Gründerkredit – Universell	176.000
Summe	**320.000**

Abb. 7.12 Finanzierungsbeispiel. (Eigene Darstellung, angelehnt an BMWi 2018f)

Folgende Finanzierungsfehler sind zu vermeiden:

- zu wenig Eigenkapital,
- zu hohe Fixkosten,
- bei Betriebsübernahme: zu hoher Übernahmepreis,
- keine rechtzeitigen Verhandlungen mit der Hausbank,
- Verwendung des Kontokorrentkredites zur Finanzierung von Investitionen,
- schlechte Zahlungsmoral der Kunden,
- hohe Schulden bei Lieferanten,
- Preise, die unter den Kosten liegen,
- vernachlässigtes Rechnungswesen,
- keine Beantragung öffentlicher Finanzierungshilfen,
- unzureichende Planung des Kapitalbedarfs (Unterschätzung des Betriebsmittelbedarfs, zu hohe Personalkosten, zusätzliche nicht eingeplante Investitionen etc.),
- finanzielle Überlastung durch ungünstige Kredite oder zu hohe Abzahlungsverpflichtungen.

Literatur

Bundesministerium für Wirtschaft und Energie [BMWi] (2016). *GründerZeiten 16. Gründung aus der Arbeitslosigkeit.* http://www.existenzgruender.de/SharedDocs/Downloads/DE/GruenderZeiten/GruenderZeiten-16.pdf?__blob=publicationFile. Zugegriffen: 11. Juli 2018.

Bundesministerium für Wirtschaft und Energie [BMWi] (2018a). *ERP-Gründerkredit – StartGeld.* http://www.foerderdatenbank.de/Foerder-DB/Navigation/Foerderrecherche/suche.html?get=13ce21961eb1514898a776f42d0d2003;views;document&doc=9855. Zugegriffen: 25. Juli 2018.

Bundesministerium für Wirtschaft und Energie [BMWi] (2018b). *ERP-Gründerkredit – Universell.* http://www.foerderdatenbank.de/Foerder-DB/Navigation/Foerderrecherche/suche.html?get=13ce21961eb1514898a776f42d0d2003;views;document&doc=11341. Zugegriffen: 25. Juli 2018.

Bundesministerium für Wirtschaft und Energie [BMWi] (2018c). *ERP-Kapital für Gründung.* http://www.foerderdatenbank.de/Foerder-DB/Navigation/Foerderrecherche/suche.html?get=13ce21961eb1514898a776f42d0d2003;views;document&doc=8863. Zugegriffen: 25. Juli 2018.

Bundesministerium für Wirtschaft und Energie (BMWi) [2018d]. *ERP-Beteiligungsprogramm.* http://www.foerderdatenbank.de/Foerder-DB/Navigation/Foerderrecherche/suche.html?get=13ce21961eb1514898a776f42d0d2003;views;document&doc=2160. Zugegriffen: 25. Juli 2018.

Bundesministerium für Wirtschaft und Energie [BMWi] (2018e). *Förderdatenbank.* http://www.foerderdatenbank.de/Foerder-DB/Navigation/Service/suche.html. Zugegriffen: 2. Mai 2018.

Bundesministerium für Wirtschaft und Energie [BMWi] (2018f). *Förderprogramme.* https://www.existenzgruender.de/DE/Gruendung-vorbereiten/Finanzierung/Foerderprogramme/inhalt.html. Zugegriffen: 11. Juli 2018.

Deutscher Berufsverband für Soziale Arbeit [DBSH] (2009). *Selbstständigkeit: Mit Stundensätzen von 25,00 Euro zum Scheitern verurteilt!* http://www.dbsh-bund.de/html/archiv6.html. Zugegriffen: 19. Juli 2018.

Für-Gründer.de GmbH (2018). *Gründungskosten und Investitionen ermitteln.* https://www.fuer-gruender.de/businessplan-vorlage/gruendungskosten/. Zugegriffen: 25. Juli 2018.

GLS Bank (2018). *Kinderladen Kindertraum Prenzl'Berg – Kita mal anders.* https://www.gls.de/privatkunden/wo-wirkt-mein-geld/bildung-kultur/kinderladen-kindertraum/. Zugegriffen: 4. Juli 2018.

Kreditanstalt für Wiederaufbau [KfW] (2018). *Förderprodukte zum Erweitern & Festigen von Unternehmen.* https://www.kfw.de/inlandsfoerderung/Unternehmen/Erweitern-Festigen/F%C3%B6rderprodukte/F%C3%B6rderprodukte-(S3).html. Zugegriffen: 25. Juli 2018.

Rechtsformen

8

Zusammenfassung

Für die Wahl der Rechtsform ist neben betriebswirtschaftlichen, rechtlichen und steuerlichen Aspekten die Frage entscheidend, wer im Unternehmen Entscheidungen treffen soll. Die meisten sozialwirtschaftlichen Unternehmen sind gemeinnützig, organisiert als Verein, Stiftung oder gGmbH. Auch eine solche Form kommt bei einer Gründung infrage. Das Unternehmen kann Spenden akquirieren. Der Gründer kann sich selbst als Geschäftsführer anstellen. Soll hingegen Gewinn erzielt werden, so bieten sich, mit unterschiedlichen Gewichtungen für freiberufliche und gewerbliche Tätigkeiten, grundsätzlich drei Möglichkeiten an: das Einzelunternehmen, die Personengesellschaft oder die Kapitalgesellschaft. Die Gründung als Einzelunternehmer ist unkompliziert. Der Unternehmer haftet allerdings nicht nur mit seinem Geschäfts-, sondern auch mit seinem Privatvermögen. Wenn zu zweit oder zu mehreren gegründet werden soll, kommt unter den Personengesellschaften die Gesellschaft bürgerlichen Rechts (GbR) und die Partnergesellschaft (PartnG) infrage, bei denen gemeinschaftlich bzw. jeweils bereichsbezogen gehaftet wird. Ein geringeres Risiko erlauben die Kapitalgesellschaften, die Gesellschaft mit beschränkter Haftung (GmbH), als Einstiegsvariante hierzu die Unternehmergesellschaft (UG). Auch andere Kapitalgesellschaften können sich unter Umständen für eine Unternehmensgründung in der Sozialwirtschaft eignen und werden mit ihren jeweiligen Besonderheiten vorgestellt. Eine Checkliste gibt Anhaltspunkte, welche Unternehmensform für das eigene Unternehmen passen könnte.

8 Rechtsformen

> **Lernziele**
>
> In diesem Kapitel erhalten Sie einen Überblick über Rechtsformen, die sich für Existenz- und Unternehmensgründungen in der Sozialwirtschaft eignen. Eine Liste mit Fragen führt Sie zu den Entscheidungskriterien, die für Sie, Ihr Unternehmen und Ihr Marktsegment relevant sind. So können Sie die für Sie passende Rechtsform finden bzw. sich gut vorbereitet rechtlich und steuerlich beraten lassen.

In der Sozialwirtschaft sind fast alle Unternehmen gemeinnützig, erzielen also keine Gewinne und bestehen meistens in den Rechtsformen Verein und Stiftung oder zunehmend auch als gemeinnützige Gesellschaft mit beschränkter Haftung (gGmbH). Da ein Existenz- und Unternehmensgründer aber gerade auf Gewinne angewiesen ist, um seinen Unternehmerlohn decken zu können, scheiden Rechtsformen, die für einen ideellen Zweck gedacht sind, für Existenz- und Unternehmensgründungen aus.

Der Existenz- und Unternehmensgründer agiert entweder als Einzelunternehmer oder gründet eine nicht gemeinnützige Personen- oder Kapitalgesellschaft (Abb. 8.1).

Bei der Wahl der Rechtsform sollten Sie insbesondere das Risiko beachten, das Sie eingehen. Wenn Sie eine Firma gegründet haben und keine Personen- oder Kapitalgesellschaft als Rechtsform gewählt haben, setzen Sie als Einzelunternehmer neben

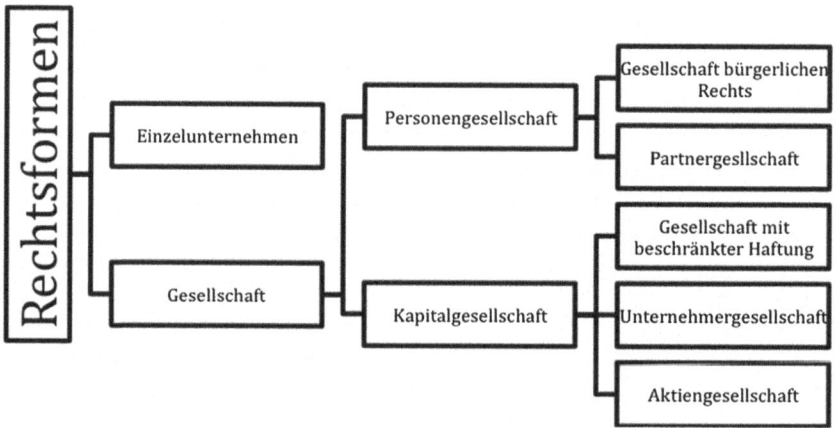

Abb. 8.1 Rechtsformen für Gesellschaften. (Eigene Darstellung)

dem Geschäfts- auch Ihr Privatvermögen aufs Spiel. Allerdings können Sie in den „Allgemeinen Geschäftsbedingungen" (AGB) Ihre Haftung auf Vorsatz und grobe Fahrlässigkeit begrenzen.

Das Gleiche gilt für die Personengesellschaft bürgerlichen Rechts. Jeder Gesellschafter haftet unmittelbar und unbeschränkt mit seinem Geschäfts- und Privatvermögen für die Schulden der Gesellschaft. Zwar kann man die Haftung auf das Gesellschaftsvermögen begrenzen, allerdings muss die Haftungsbeschränkung mit jedem einzelnen Kunden vereinbart werden und in den „Allgemeinen Geschäftsbedingungen" und durch die Gestaltung des Briefpapiers deutlich erkennbar sein. Bei riskanten Geschäften sollte man deshalb eine Kapitalgesellschaft gründen, z. B. eine GmbH, denn die Haftung der GmbH ist auf das Gesellschaftsvermögen begrenzt und schützt somit das Privatvermögen der Gesellschafter.

Interessant ist auch die stille Gesellschaft. Ein stiller Gesellschafter beteiligt sich an einem Unternehmen, ohne aber nach außen hin in Erscheinung zu treten. Als Gegenleistung ist er am Gewinn beteiligt. Besondere Formalitäten, außer einem privaten Vertrag, gibt es nicht.

Die Wahl der Rechtsform ist neben der Haftungsfrage von der Tätigkeitsart abhängig. Für freiberufliche nichtgewerbliche Tätigkeiten (Hebammen, Psychologen, Journalisten, Übersetzer, Gutachter etc.) sind andere Rechtsformen vorgesehen als für gewerbliche Tätigkeiten (Produktion, Handel und Handwerk). So können freiberuflich Tätige die Rechtsform der Partnergesellschaft, der GbR und der GmbH wählen, aber nicht die Rechtsform der OHG oder der KG.

8.1 Rechtsformen für freiberufliche Tätigkeiten

Da viele Existenz- und Unternehmensgründer in der Sozialwirtschaft freiberuflich tätig sind, eignen sich für diese Personengruppe neben dem Einzelunternehmertum insbesondere die Personengesellschaften: Gesellschaft des bürgerlichen Rechts (BGB-Gesellschaft/GbR) und die Partnerschaftsgesellschaft (PartnG), weiterhin die nicht gemeinnützige Kapitalgesellschaft GmbH.

8.1.1 Personengesellschaften

Bei Personengesellschaften schließen sich mindestens zwei Gesellschafter zusammen, führen die Geschäfte selbst und haften (mit Ausnahme der KG und stillen Gesellschaft) mit ihrem Privatvermögen. Für Existenz- und Unternehmensgründer in der Sozialwirtschaft, die Dienstleistungen erbringen, eignen sich insbesondere die Gesellschaft bürgerlichen Rechts und die Partnergesellschaft.

8.1.1.1 Gesellschaft bürgerlichen Rechts (GbR)

Mehrere Einzelunternehmer können sich zusammenschließen und durch eine vertragliche Vereinbarung eine Gesellschaft bürgerlichen Rechts (GbR), z. B. eine Praxisgemeinschaft, gründen. Die Gründungsvoraussetzungen sind einfach und die Gründungskosten gering. So erfolgt kein Eintrag ins Handelsregister und ein Mindestkapital ist nicht erforderlich, doch haften die Gesellschafter unbeschränkt mit ihrem gesamten Privatvermögen. Zwar bietet die GbR vertragliche Gestaltungsmöglichkeiten und ist deshalb insbesondere für freie Berufe und Nichtkaufleute verwendbar, allerdings ist aufgrund der fehlenden Haftungsbeschränkung ein gegenseitiges Vertrauen der Partner unverzichtbar. Dennoch sollte man wesentliche Vereinbarungen schriftlich festhalten, um Auseinandersetzung zu vermeiden.

8.1.1.2 Partnerschaftsgesellschaft (PartnG)

Die Rechtsform der Partnerschaftsgesellschaft (PartnG) ist für Freiberufler gedacht, die eigenverantwortlich mit Partnern zusammenarbeiten wollen. Mindestkapital ist nicht erforderlich, doch der Gesellschaftsvertrag der Partner bedarf der Schriftform und die Gesellschaft muss in das Partnerschaftsregister beim Amtsgericht eingetragen werden. Die Partnergesellschaft haftet mit ihrem Geschäftsvermögen und dem Privatvermögen der Gesellschafter, sofern die Haftung nicht schriftlich auf den Arbeitsbereich des jeweiligen Partners beschränkt wurde. Freiberufler, deren Haftung per Berufsgesetze und -verordnungen beschränkt ist, müssen eine Haftpflichtversicherung abschließen.

8.1.2 Kapitalgesellschaften

In den rechtlich selbstständigen Kapitalgesellschaften haften die Gesellschafter nicht persönlich. Die Haftung ist auf die Einlage der Gesellschafter beschränkt. Sie stellen das Gesellschaftskapital zur Verfügung. Die Geschäfte führt ein angestellter Geschäftsführer, der aber auch gleichzeitig Gesellschafter sein kann.

8.1.2.1 Gesellschaft mit beschränkter Haftung (GmbH)

Die Gesellschaft mit beschränkter Haftung (GmbH) ist als im Handelsregister eingetragene Kapitalgesellschaft eine eigene Rechtsperson, deren Haftung durch die Höhe der Kapitaleinlagen begrenzt ist, die ihre Gesellschafter insgesamt geleistet haben, mindestens aber 25.000 EUR. Doch Banken achten in der

Regel darauf, dass ihnen für die Kredite private Sicherheiten angeboten werden, d. h., dass sich der Existenz- und Unternehmensgründer in der Regel für die Rückzahlung von GmbH-Krediten verbürgen muss und insoweit auch mit seinem Privatvermögen haftet.

Zwar ist der Gründungsaufwand komplizierter als bei Personengesellschaften und die Gesellschaft aufgrund verschiedener Vorschriften, z. B. zur Buchführung und Bilanzierung, auch schwieriger zu handhaben, anderseits werden aufgrund dieser Vorschriften betriebswirtschaftliche Kenntnisse und Erfahrungen von dem Geschäftsführer gefordert, der die Gesellschaft nach außen und innen vertritt. Die Folge ist eine professionellere Unternehmensführung.

8.1.2.2 Unternehmergesellschaft (UG)

Die Gesellschaft mit beschränkter Haftung (GmbH) hat auch eine Einstiegsvariante erhalten. Die Unternehmergesellschaft (UG) und erfordert zunächst kein Stammkapital. Bei dieser Unternehmensform haben Gründer die Möglichkeit, mit nur einem Euro Stammkapital ihr Unternehmen zu gründen und dennoch die Haftungsbeschränkung zu nutzen. Um eine Kapitaldecke zu schaffen, muss eine UG jedes Jahr mindestens ein Viertel des Gewinns als Rücklage in die Bilanz einstellen, bis die Mindestkapitaleinlage von 25.000 EUR einer GmbH erreicht ist. Die Unternehmergesellschaft ist gerade für Neugründer ein guter Einstieg in die Selbstständigkeit.

8.1.2.3 Aktiengesellschaft

Es besteht auch die Möglichkeit, eine kleine Aktiengesellschaft zu gründen. Voraussetzung ist ein Mindestkapital von 50.000 EUR, wobei bei der Gründung einer Ein-Personen-AG die Einzahlung von 12.500 EUR genügt, wenn die restliche Summe über eine Bankbürgschaft abgesichert ist.

Ein Vorteil dieser Rechtsform ist, dass ein Investor die Aktien weiterverkaufen kann, ohne dass das Unternehmen an die Börse gehen muss, und das Unternehmen Eigenkapital erhält, für das es keine Zinsen, sondern nur eine gewinnabhängige Dividende zahlen muss.

8.2 Rechtsformen für gewerbliche Tätigkeiten

Für gewerbliche Tätigkeiten eignen sich die schon vorgestellten Rechtsformen der BGB-Gesellschaft (GbR) und die GmbH sowie darüber hinaus, je nach Handlungsfeld ggf. auch die Rechtsformen der offenen Handelsgesellschaft (OHG),

Name der entgegennehmenden Gemeinde | Gemeindekennzahl Betriebsstätte (Sitz) | **GewA1**

Gewerbe-Anmeldung
nach § 14 GewO oder § 55 c GewO

Bitte vollständig und gut lesbar ausfüllen sowie die zutreffenden Kästchen ankreuzen

Angaben zum Betriebsinhaber

Bei Personengesellschaften (z.B. OHG) ist für jeden geschäftsführenden Gesellschafter ein eigener Vordruck auszufüllen. Bei juristischen Personen ist bei Feld Nr. 3 bis 9 und Feld Nr. 30 und 31 der gesetzliche Vertreter anzugeben (bei inländischer AG wird auf diese Angaben verzichtet). Die Angaben für weitere gesetzliche Vertreter zu diesen Nummern sind ggf. auf Beiblättern zu ergänzen.

1 Im Handels-, Genossenschafts- oder Vereinsregister eingetragener Name mit Rechtsform (ggf. bei GbR: Angabe der weiteren Gesellschafter)

2 Ort und Nr. des Registereintrages

Angaben zur Person

3 Name

4 Vornamen

4a Geschlecht: männl. ☐ weibl. ☐

5 Geburtsname (nur bei Abweichung vom Namen)

6 Geburtsdatum

7 Geburtsort und -land

8 Staatsangehörigkeit (en): deutsch ☐ andere:

9 Anschrift der Wohnung (Straße, Haus-Nr., PLZ, Ort; freiwillig: e-mail/web) | Telefon-Nr. | Telefax-Nr.

Angaben zum Betrieb

10 Zahl der geschäftsführenden Gesellschafter (nur bei Personengesellschaften)
Zahl der gesetzlichen Vertreter (nur bei juristischen Personen)

11 Vertretungsberechtigte Person/Betriebsleiter (nur bei inländischen Aktiengesellschaften, Zweigniederlassungen und unselbständig en Zweigstellen)
Name | Vornamen

Anschriften (Straße, Haus-Nr., Plz, Ort)

12 Betriebsstätte | Telefon-Nr. | Telefax-Nr. | freiwillig: e-mail/web

13 Hauptniederlassung (falls Betriebsstätte lediglich Zweigstelle ist) | Telefon-Nr. | Telefax-Nr. | freiwillig: e-mail/web

14 Frühere Betriebsstätte | Telefon-Nr. | Telefax-Nr.

15 Angemeldete Tätigkeit - ggf. ein Beiblatt verwenden (genau angeben: z.B. Herstellung von Möbeln, Elektroinstallationen und Elek troeinzelhandel, Großhandel mit Lebensmitteln usw.; bei mehreren Tätigkeiten bitte Schwerpunkt unterstreichen)

16 Wird die Tätigkeit (vorerst) im Nebenerwerb betrieben ? Ja ☐ Nein ☐

17 Datum des Beginns der angemeldeten Tätigkeit

18 Art des angemeldeten Betriebes: Industrie ☐ Handwerk ☐ Handel ☐ Sonstiges ☐

19 Zahl der bei Geschäftsaufnahme tätigen Personen (ohne Inhaber): Vollzeit Teilzeit Keine ☐

Die Anmeldung wird erstattet für
20 Eine Hauptniederlassung ☐ eine Zweigniederlassung ☐ eine unselbständige Zweigstelle ☐
21 ein Automatenaufstellungsgewerbe ☐ 22 ein Reisegewerbe ☐

Grund
23 24 **Neuerrichtung/ Übernahme**: Neugründung ☐ Wiedereröffnung nach Verlegung aus einem anderen Meldebezirk ☐ Gründung nach Umwandlungsgesetz (z.B. Verschmelzung, Spaltung) ☐
Wechsel der Rechtsform ☐ Gesellschaftereintritt ☐ Erbfolge/Kauf/Pacht ☐

26 Name des früheren Gewerbetreibenden oder früherer Firmenname

Falls der Betriebsinhaber für die angemeldete Tätigkeit eine Erlaubnis benötigt, in die Handwerksrolle einzutragen oder Ausländ er ist:

28 Liegt eine Erlaubnis vor ? Ja ☐ Nein ☐ — Wenn Ja, Ausstellungsdatum und erteilende Behörde:

29 **Nur für Handwerksbetriebe** Liegt eine Handwerkskarte vor ? Ja ☐ Nein ☐ — Wenn Ja, Ausstellungsdatum und Name der Handwerkskammer:

30 Liegt eine Aufenthaltsgenehmigung vor ? Ja ☐ Nein ☐ — Wenn Ja, Ausstellungsdatum und erteilende Behörde:

31 Enthält die Aufenthaltsgenehmigung eine Auflage oder Beschränkung ? Ja ☐ Nein ☐ — Wenn Ja, sie enthält folgende Auflagen bzw. Beschränkungen::

Hinweis: Diese Anzeige berechtigt nicht zum Beginn des Gewerbebetriebes, wenn noch eine Erla ubnis oder eine Eintragung in die Handwerksrolle notwendig ist. Zuwiderhandlungen können mit Geldbuße oder Geldstrafe oder Freiheitsstrafe geahndet werden. Di ese Anzeige ist keine Genehmigung zur Errichtung einer Betriebsstätte entsprechend dem Planungs- und Baurecht.

32 (Datum) 33 (Unterschrift)

Abb. 8.2 Formular Gewerbeanmeldung. (https://www.gewerbeanmeldung.de/gewerbe-anmelden-formular)

Kommanditgesellschaft (KG), GmbH & Co. KG oder gar der Aktiengesellschaft (AG), auf die aber an dieser Stelle aus Platzgründen nicht eingegangen werden kann.

8.3 Einzelunternehmen

Besonders gut für den Einstieg eignet sich die Einzelunternehmung. Die Rechtsform des Einzelunternehmens eignet sich z. B. für einen Gewerbetreibenden, dem im Rahmen des Outsourcings der Einkauf für mehrere soziale Einrichtungen übertragen wurde (Handel).

Die Rechtsform ist für den Einstieg gut geeignet, denn Sie benötigen kein Gesellschaftskapital und die Gründung ist einfach. Das Unternehmen entsteht, wenn ein sogenannter Kleingewerbetreibender ein Geschäft, in der Regel unter seinem Familiennamen, anmeldet (Abb. 8.2). Die Tätigkeit kann ohne Eintragung ins Handelsregister beginnen. Erst wenn das Unternehmen größer wird, muss der nun zum Vollkaufmann gewordene Existenz- und Unternehmensgründer sein Unternehmen eintragen lassen. Die Unterscheidung richtet sich nach Umsatz, Gewerbeertrag, Betriebsvermögen und Mitarbeiterzahl.

Beim Einzelunternehmen sind Inhaber und Geschäftsführer identisch. Der Existenz- und Unternehmensgründer hat eine große Entscheidungsfreiheit, aber auch ein hohes Risiko, da der Einzelunternehmer unbeschränkt mit seinem Privatvermögen haftet.

Welche Rechtsform sinnvollerweise gewählt wird, ist abhängig vom Zweck des Unternehmens, Ihren Interessen und den Rahmenbedingungen des Marktes.

Wahl der passenden Rechtsform
Bei der Wahl der richtigen Rechtsform bieten Ihnen ggf. die folgenden Fragen und die Übersicht eine erste Orientierungshilfe:

- Können Sie viel Eigenkapital aufbringen?
- Ist Ihr Vorhaben risikoreich?
- Wollen Sie die Haftung beschränken?
- Wollen Sie Ihr Unternehmen allein betreiben?
- Wollen Sie das Unternehmen allein leiten, also Dinge entscheiden, ohne zusätzliche Gremien zu konsultieren?
- Soll die Unternehmensleitung von einem Nichtgesellschafter wahrgenommen werden?

- Wollen Sie möglichst wenige Formalitäten bei der Gründung haben?
- Möchten Sie die Zahlen Ihres Unternehmens von der Öffentlichkeit fernhalten?
- Sollen Mitarbeiter am Unternehmen beteiligt werden?
- Ist die Rechtsform der Betriebsgröße angepasst?
- Soll die Rechtsform ein möglichst hohes Ansehen haben?

Businessplan 9

Zusammenfassung

Ein Businessplan stellt das Unternehmen in umfassender, übersichtlicher und zugleich knapper Form vor. Er ist das Instrument der Wahl für das Gespräch mit Geldgebern und künftigen Auftraggebern. Hier erhalten Sie eine Anleitung zum Schreiben des Businessplans. Schließlich werden typische Fehler aufgezeigt: das Überspielen kaufmännischer Defizite, ein fehlender USP, ein lückenhafter oder zu optimistischer Finanzierungsplan oder auch eine unsachliche Darstellung der Unternehmensvorzüge.

Lernziele

In diesem Kapitel werden Sie anhand einer umfassende Checkliste befähigt, einen Businessplan für Ihr Unternehmen zu erstellen und typische Fehler zu vermeiden.

Um das Vertrauen potenzieller Finanziers und Kreditgeber zu gewinnen, muss – ausgehend von der Gründungsidee (dem Plan) und der Umfeld- und Marktanalyse (Rahmenbedingungen) – ein schlüssiger Businessplan erstellt werden. Der Businessplan

„ist so etwas wie der Kompass, der die grobe Richtung für die weitere Unternehmensentwicklung vorgibt. Allerdings muss er immer wieder an neue Gegebenheiten angepasst werden: Wenn sich beispielsweise die Kundenwünsche ändern. Oder neue Konkurrenten mit einer ähnlichen Geschäftsidee auftauchen. Dann bleibt nichts anderes übrig, als über die bisherige Planung nachzudenken und den exakten Kurs neu zu bestimmen." (BMWi 2018)

Im Businessplan sollte deutlich werden, wie die Gründung gelingen und die neue Einrichtung erfolgreich und rentabel am Markt agieren kann, sodass potenzielle Finanziers überzeugt werden können.

Stellen Sie Ihrem Businessplan eine Zusammenfassung voran, die „die Geschäftsidee kurz und prägnant beschreib[t], wesentliche Erfolgs- und Risikofaktoren aufzeig[t] sowie Ihre Ziele für die ersten Jahre nenn[t]" (BMWi 2018, S. 2).

Die folgende Checkliste charakterisiert das Profil eines Businessplans. Überprüfen Sie, welche Unterpunkte der Liste für Ihr Unternehmen besonders relevant sind (Abb. 9.1).

Checkliste zum Businessplan

1. **Zeitpunkt der Gründung**

2. **Gründerperson**
   - persönliche Angaben
   - fachliche Befähigung, berufliche Erfahrungen, Branchenkenntnisse
   - rechtliche Eignung
   - kaufmännische und unternehmerische Befähigungen

3. **Gründungsvorhaben**
   - Geschäftsidee (Was ist das Besondere an der Idee?)
   - Leistungsprogramm
   - Nutzen des Angebots
   - zusätzlicher Nutzen, Leistung und Attraktivität aus Sicht der Kunden im Unterschied zur Konkurrenz
   - Bekanntheit des Angebots
   - Kosten der Dienstleistung

4. **Marktchancen**
   - Welche Kunden kommen infrage?
   - Welche (neuen) Zielgruppen werden angesprochen?
   - Kundenwünsche
   - Zahlen zum Marktvolumen, zur Marktnachfrage und Branchenkennzahlen
   - Informationen aus der Branche zu Kostenstrukturen und Betriebsergebnissen
   - Kontakt zu Kostenträgern und potenziellen Kunden

Abb. 9.1 Checkliste zum Businessplan

5. Marketingstrategie
- Wie werden die Kunden erreicht?
- Auf welchen Wegen sollen künftige Kunden angesprochen werden?
- Marketingkosten

6. Konkurrenz
- Wie viel Konkurrenten befinden sich am Markt?
- Die zehn wichtigsten Konkurrenten
- Kosten der Dienstleistung bei der Konkurrenz
- Service der Konkurrenz zu welchem Preis
- Stärken und Schwächen der künftigen Konkurrenten

7. Wie heben Sie sich von der Konkurrenz ab?
- Angebotskonzept
- Servicekonzept
- Preisstruktur
- Marketing
- Personalkonzept
- Strategie
- Zielgruppenausrichtung

8. Zukunftsaussichten
- Wie werden die Konkurrenten auf ein neues Angebot reagieren?
- Branchenentwicklung
- Ziele
- mögliche Risiken
- Orientierungshilfen aus vergleichbaren Sektoren
- Entwicklung der Nachfrage nach dem Angebot
- Wie lange kann ein Vorsprung gehalten werden?

9. Standort
- Wo besteht ein Erfolg versprechender Markt, gibt es genügend Kunden am Standort?
- Verkehrsverbindung
- Angebot an Büroflächen/Gewerbeflächen
- Angebot an Personal- und Kooperationspartnern
- Welche Vor- und Nachteile weist der gewählte Standort auf?

Abb. 9.1 (Fortsetzung)

10. Kostenplanung

- Personalkosten
+ Sachgemeinkosten
+ Zinsen
+ Abschreibungen
+ kalkulatorische Kosten

11. Rentabilitätsvorschau

- Haben Sie an alle Kosten gedacht?
- Können mit dem Vorhaben ausreichende Erträge erzielt werden?

12. Finanzplanung

- Kapitalbedarfsplan
- Investitionsplan
- Umsatz- und Ergebnispläne für drei Jahre
- Liquiditätsplan
- Finanzierung und Förderprogramme (Wie kann eine tragfähige Finanzplanung aussehen? Von welchen Finanzierungsgebern sind Sie abhängig? Welche öffentlichen Finanzierungshilfen können genutzt werden?)

13. Rechtsform und andere rechtliche Bestimmungen

- Rechtsform unter Abwägung steuerlicher, betriebswirtschaftlicher und gesellschaftsrechtlicher Gesichtspunkte
- Gewerberechtliche Vorschriften etc.

14. Weitere Rahmenbedingungen

- Sind Partner oder ggf. weitere Arbeitskräfte erforderlich?
- Falls ein Unternehmen übernommen werden soll: Liegt ein Überblick zu Umsatz, Gewinn, gesetzlichen Verpflichtungen und vertraglichen Bedingungen vor?
- Welche Genehmigungen und/oder Zulassungen benötigen Sie?
- Welche Versicherungen benötigen Sie für das Unternehmen sowie für Sie und Ihre Familie?
- Alterssicherung

15. Zeitplan

- Ablauf des Vorhabens

16. Anlagen

- Marktstudien
- Referenzen

Abb. 9.1 (Fortsetzung)

9 Businessplan

Der Unternehmens- oder Businessplan sollte einfach und verständlich geschrieben, klar und schlüssig aufgebaut und nicht zu lang sein. Konzentrieren Sie sich auf das Wesentliche.

Bitte prüfen Sie:

- Ist Ihr Businessplan klar formuliert?
- Ist Ihr Vorhaben in allen Punkten sachlich dargestellt?
- Ist der Businessplan auch für Laien verständlich?
- Ist der Plan in sich logisch und stimmig?

Fehler im Businessplan vermeiden
Um Fehler im Businessplan zu vermeiden, sollten Sie auf die folgenden Punkte achten:

„Kaufmännische Defizite
Gleichen Sie kaufmännische Defizite aus: durch Beteiligung einer geeigneten Mitgründerin oder eines geeigneten Mitgründers oder durch den Besuch entsprechender Schulungen.

Selbstverliebtheit
Nur weil Ihnen Ihre Geschäftsidee gefällt, muss sie anderen nicht gefallen. Informieren Sie sich so genau wie möglich über den Kundenkreis, der für Ihr Angebot in Frage kommt. Wenn möglich, führen Sie Umfragen bei Ihrem potenziellen Kundenkreis durch, um festzustellen, ob überhaupt eine Nachfrage besteht.

Kein Alleinstellungsmerkmal
Sie werden vermutlich mit einer Geschäftsidee antreten, auf die vor Ihnen auch schon andere gekommen sind. Stellen Sie fest, welche Konkurrenten Sie haben und wie deren Angebot aussieht. Entwickeln Sie mindestens ein Alleinstellungsmerkmal, mit dem Sie sich von der Konkurrenz abheben.

Falsche Branche
Es gibt erfolgreichere und weniger erfolgreiche Branchen, mit mehr oder weniger großem Wettbewerbsdruck und höheren oder geringeren Umsätzen. Erkundigen Sie sich über die bisherige Entwicklung und die Zukunftschancen Ihrer Branche.

Zu hohe Kosten
Reichen Ihre Umsätze? Vergessen Sie nicht Ihre Lebenshaltungskosten: Miete, Haushalt, Versicherung, Kfz, Vorsorge usw. Diese müssen auf alle Fälle durch Ihre Einnahmen gedeckt werden.

Zu wenig Startkapital
Niemand hat gern Schulden. Kalkulieren Sie dennoch nüchtern, wie viel Kapital Sie tatsächlich aufbringen (und ggf. leihen) müssen, bis die ersten Umsätze eingehen: Investitionen in Ausstattung, Geräte, … Kaution, Pacht/Miete, Werbung usw.

Schlecht in Form
Einen Businessplan muss man gut lesen und verstehen können. Also: Achten Sie auf die äußere Form." (BMWi 2018, S. 7)

Literatur

Bundesministerium für Wirtschaft und Energie [BMWi] (2018). *GründerZeiten 07. Businessplan.* http://www.existenzgruender.de/SharedDocs/Downloads/DE/GruenderZeiten/GruenderZeiten-07.pdf?__blob=publicationFile. Zugegriffen: 11. Juli 2018.

Schlussbemerkung 10

> **Zusammenfassung**
>
> Die grundsätzlich guten Chancen für Existenz- und Unternehmensgründer in der Sozialwirtschaft werden hier vor dem Hintergrund der gesellschaftlichen Entwicklung und bezogen auf die verschiedenen Arbeitsfelder zusammenfassend beleuchtet. Als mögliche Unternehmensstrategien sind Preisführerschaft, Marktführerschaft, Qualitätsführerschaft und Spezialisierung zielführend. Die Double-bind-Situation des Unternehmers in der Sozialwirtschaft kann zu einer Zerrissenheit zwischen Philanthropie und Gewinnstreben führen und ist daher vor der Gründung zu reflektieren.

> **Lernziele**
>
> Sie haben das Handwerkzeug der vorangegangenen Kapitel, insbesondere Kap. 4–9, im Gepäck. Damit ausgestattet, reflektieren Sie Ihre Gründungsidee noch einmal vor dem Hintergrund der gesellschaftlichen Entwicklung. Ergibt sich ein stimmiges Bild? Dieses Abschlusskapitel hilft Ihnen dabei, Sicherheit über Ihr Vorhaben zu erlangen.

Das System der sozialen Sicherung in Deutschland wird durch rechtliche Rahmenbedingungen gesteuert und sieht kaum Anreize eines sparsamen und effizienten Wirtschaftens vor. Aufgrund der bestimmenden Ordnungsprinzipien der Subsidiarität kam es zu einer Zentralisierung der Verbands- und Organisationsstrukturen der freien Wohlfahrtspflege. Die großen Wohlfahrtsverbände bekamen eine marktbeherrschende Position. In den 70er und 80er Jahren kamen alternative und sozialpolitische Bewegungen auf, heute sind es die staatlichen Instanzen, die den Vorrang der Spitzenverbände infrage stellen. In der Folge erlebt die Sozialwirtschaft eine Deregulierungsphase, die zu einer Zunahme des Spielraums für Existenz- und Unternehmensgründer führt. Es tun sich neue Bereiche auf, doch welche Felder in Zukunft Erfolg haben werden, ist abhängig von gesellschaftlichen, wirtschaftlichen und politischen Entwicklungen auf nationaler und EU-Ebene, die auch durch globale Faktoren beeinflusst werden.

10.1 Allgemeine gesellschaftliche Entwicklungstendenzen

Das deutsche Wohlfahrtsmodell basiert auf dem Versicherungsprinzip der Lohnerwerbstätigen, das durch Elemente der staatlichen Versorgung ergänzt wird. Die Ressourcen, die für die Sozialwirtschaft zur Verfügung gestellt werden, sind von der wirtschaftlichen Leistungsfähigkeit abhängig. Im deutschen Sicherungssystem stellen die Erwerbstätigen den größten Teil der notwendigen Mittel zur Verfügung, die dann unmittelbar zur Finanzierung von sozialen Leistungen verwendet werden.

Dieses Prinzip wird in Zukunft nicht mehr tragfähig sein, da aufgrund der demografischen Entwicklung die Ausgaben für alte Menschen zunehmen. Durch die höhere Lebenserwartung entstehen weiterhin immense Kosten für den Gesundheitsbereich. Hinzu kommen Veränderungen im Zuge der Globalisierung und Europäisierung, die auch das Gefüge der nationalen Sicherungssysteme beeinflussen.

10.2 Mögliche Unternehmensstrategien von Existenz- und Unternehmensgründern

Wettbewerbsstrategien
- Preisführerschaft
- Marktführerschaft
- Qualitätsführerschaft
- Spezialisierung

Um auf dem Markt der Sozialwirtschaft erfolgreich zu sein, müssen Existenz- und Unternehmensgründer kostengünstiger arbeiten (Preisführerschaft) als andere, oder sie müssen Größenvorteile aufweisen, um sich zu behaupten.

Erfolgsversprechend ist eine umfassende Marktpräsenz (Marktführerschaft), die zurzeit jedoch insbesondere von den Verbänden wahrgenommen werden kann, da diese vom Kindergarten bis zum Pflegedienst sämtliche Bereiche der Wohlfahrt abdecken. Also müssten Existenz- und Unternehmensgründer sich miteinander vernetzen, um synergetische Effekte zu nutzen, sich z. B. einen Fuhrpark, Personal oder Gebäude teilen.

Eine weitere erfolgsversprechende Strategie für Existenz- und Unternehmensgründer kann darin bestehen, die Qualitätsführerschaft zu übernehmen, eine innovative Dienstleistung anzubieten oder eine unverwechselbare Marke zu kreieren.

Denkbar sind auch regionale Spezialisierungen oder Zielgruppenspezialisierungen.

10.3 Neue Arbeitsfelder für Existenz- und Unternehmensgründungen

Veränderungsansätze zur Steuerung der sozialen Sicherungen propagieren, dass rechtliche Steuerungsansätze durch eine Orientierung an Markt und Geld ersetzt werden und der Staat somit die Regelung der Sozialwirtschaft dem Markt und der Selbsthilfe überlässt. Zur Umsetzung werden Leistungen ausgeschrieben, mit dem Ziel, dass der preiswerteste Anbieter den Zuschlag erhält.

Leistungsentgelte sind in der Kinder- und Jugendhilfe sowie in der Sozialhilfe eingeführt worden. Träger, die ihre Dienstleistung preiswerter als andere anbieten, kommen zum Zuge. Da Verträge vorrangig mit Trägern abgeschlossen werden sollen, die bei gleicher Qualität preiswerter als andere sind, haben Neugründungen eine Chance.

Im Pflegebereich sind mit der Einführung des SGB XI private und gemeinnützige Träger gleichgestellt, sodass hier schon seit langem Marktkräfte mit allen positiven und negativen Begleiterscheinungen wirken. Dies wird sicherlich auch in Zukunft verstärkt für den Gesundheitsbereich gelten. Insbesondere im stationären Bereich hat es durch die Einführung von Fallpauschalen Marktbereinigungen gegeben. Private Anbieter haben sich positioniert. Doch welche Chancen sich für private Anbieter, seien es große Aktiengesellschaften oder selbstständige Einzelunternehmer, im Bereich der Gesundheitsberufe ergeben werden, ist auch in Zukunft von gesetzlichen Bestimmungen abhängig.

Am Beispiel der Situation der niedergelassenen freiberuflichen Ärzte lassen sich die Auswirkungen dieser Abhängigkeit beobachten. Ärzte, die nicht bereit sind, durch den Einsatz der Apparatemedizin ein Optimum aus ihrem Patientenpotenzial herauszuholen, geraten an Einkommensgrenzen. Der deutsche Weg im

Gesundheitswesen mit selbstständigen Ärzten, die von öffentlich-rechtlichen Rahmenbedingungen abhängig sind, hat zu einem der teuersten, aber keineswegs besten Gesundheitssysteme der Welt geführt. Ob eine Übertragung dieses Systems auf weite Bereiche der Sozialen Arbeit wünschenswert ist, muss noch intensiv diskutiert werden.

10.4 Double-bind-Situation von Existenz- und Unternehmensgründern im Quasimarkt

Viele Ärzte befinden sich in einer Double-bind-Situation. Sie unterliegen einerseits als Selbstständige den Gesetzen der freien Wirtschaft und sie sind andererseits von den gesetzlich geregelten Rahmenbedingungen und Strukturen des Gesundheitswesens abhängig.

In einer vergleichbaren Situation befinden sich auch Existenz- und Unternehmensgründer in der Sozialwirtschaft, denn die Klienten Sozialer Arbeit sind in der Regel nicht in der Lage, die Leistungen, die sie erhalten, zu bezahlen. Existenz- und Unternehmensgründer in der Sozialwirtschaft befinden sich in einem Quasimarkt, der auf der Ressourcenebene von öffentlich-politischen Fragen und zahlungswilligen Erwerbstätigen abhängig ist. Erzeuger und Verbraucher sozialer Dienstleistungen sind davon abhängig, dass die Finanzierung sozialer Leistungen über öffentliche Mittel erfolgt, deren Bereitstellung nach wie vor politisch und rechtlich geregelt wird, auch wenn das Thema Geld und Markt eine zunehmend wichtige Rolle zu spielen scheint. Da wir uns zurzeit in einer Umbruchsituation des sozialen Sicherungssystems befinden, müssen Existenz- und Unternehmensgründer im sozialen Bereich nicht nur ihre Kunden oder Klienten, sondern insbesondere die Kostenträger erreichen.

Sie sind einerseits von einer öffentlichen Subventionierung und somit von Gesetzen und Verordnungen, aber auch von einzelnen Entscheidungsträgern abhängig und müssen auf Veränderungen öffentlicher Träger reagieren können. Andererseits müssen Existenz- und Unternehmensgründer nach den gleichen Kriterien arbeiten wie jedes andere erwerbswirtschaftliche Unternehmen auch, wenn sie nicht in Konkurs gehen wollen.

Es werden somit widersprüchliche Botschaften transportiert, die so manchen Existenz- und Unternehmensgründer in eine Double-bind-Situation bringen können. Einerseits gelten die klassischen Botschaften der Sozialwirtschaft „Hilf Menschen in Not", „Sei ein guter Mensch" und „Orientiere dich an den vorhandenen gesetzlichen Rahmenbedingungen und Machtstrukturen", andererseits gelten die Botschaften der Erwerbswirtschaft: „Du bist deines Glückes Schmied", „Verdiene viel Geld", „Werde reich".

Der Markt fordert das günstigste Angebot und die Sozialwirtschaft fleht: „Hilf Menschen in Not", „Erzeuge keine neuen Notlagen" und „Halte dich an die Spielregeln" (Abb. 10.1).

Da Einrichtungen in der Sozialwirtschaft oftmals unproduktiv und bürokratisch organisiert sind, können Existenzgründer diesen Double Bind auflösen, wenn Sie mit effizienten Strukturen qualitativ hochwertige Dienstleistungen anbieten, die preisgünstiger sind, als die der wenig produktiven Konkurrenz.

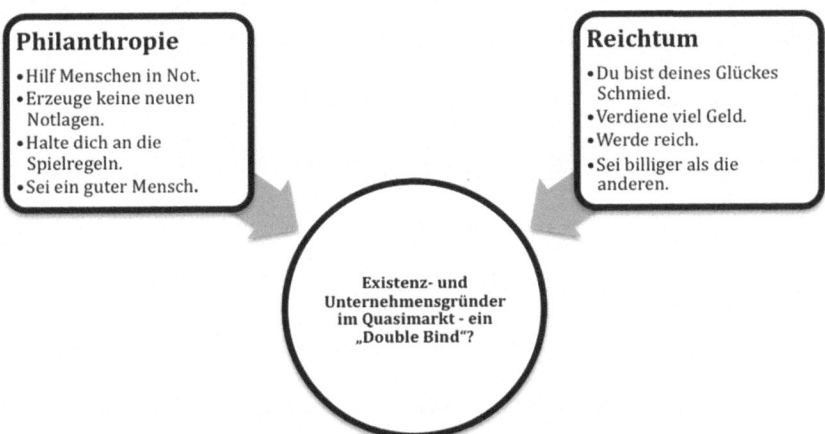

Abb. 10.1 Existenz- und Unternehmensgründung im Quasimarkt. (Eigene Darstellung)